L'ART

DEVANT LA PAPAUTÉ.

L'ART
DEVANT LA PAPAUTÉ

PAR

E. CH. DE MOURGUES

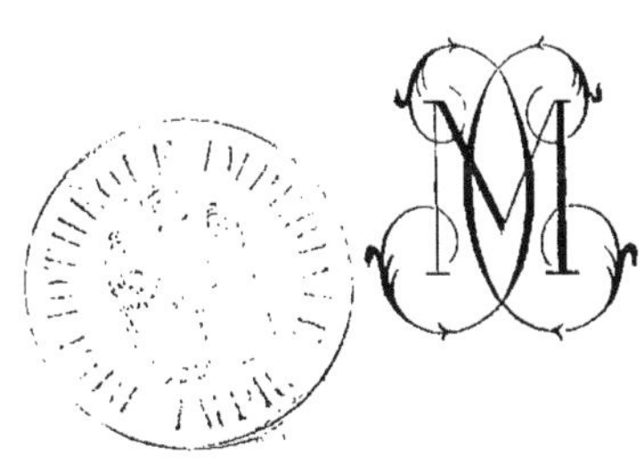

PARIS
TYPOGRAPHIE DE CHARLES DE MOURGUES FRÈRES
RUE J.-J. ROUSSEAU, 8

1862

L'ART DEVANT LA PAPAUTÉ.

« L'art produit le perfectionnement de l'âme, mais il le produit indirectement... Il se confie à la vertu de la beauté ; il la fortifie de toute la puissance, de tout le charme de l'idéal ; c'est à elle ensuite de faire son œuvre ; l'artiste a fait la sienne quand il a procuré à quelques âmes d'élite ou répandu dans la foule le sentiment exquis de la beauté. Ce sentiment pur et désintéressé est un noble allié du sentiment moral et du sentiment religieux ; il les réveille, les entretient, les développe..... »

(V. Cousin, *Du Vrai, du Beau et du Bien.*)

I.

A toutes les époques, chez tous les peuples, tout ce qui touche à Rome a toujours passionné les âmes.

Chaque fois que s'est élevée une de ces questions où quelque intérêt capital de la ville éternelle était engagé, le monde entier en a retenti, et l'écho des voix éloquentes, qui défendaient ou attaquaient, a traversé les âges pour exciter encore chez nous l'applaudissement ou l'indignation.

Mais quelque graves, vitales et, en apparence, décisives et suprêmes qu'aient pu être plusieurs des questions qui se sont, depuis tant de siècles, agitées autour de Rome, pas une n'a été plus ardemment controversée que ne l'est, à l'heure où nous sommes, celle dont nous voyons se dérouler sous nos yeux les douloureuses et magnifiques péripéties.

Jamais aussi, il faut le reconnaître, objet plus grand, plus sublime, plus inspirateur, mais plus difficile et plus ardu, où se trouvent mêlées à une aussi intime profondeur les choses divines et humaines, ne fut offert aux prières du chrétien, aux méditations du philosophe, à l'éloquence des orateurs, aux solutions des politiques : une capitale, — et quelle capitale! — que l'on demande pour une nation qui prétend ne pouvoir se constituer sans elle, et cette même Rome à conserver à ses souverains légitimes, à ses maîtres sacrés et consacrés, aux papes, à la chrétienté tout entière!

L'esprit s'arrête effrayé devant ces deux nécessités d'un ordre si élevé et d'un absolu si exclusif, bien que d'une légitimité inégale; devant ces deux exigences, également inflexibles, dont l'une se dit fondée sur le droit qu'ont les peuples de s'appartenir, et s'appuie sur la force matérielle, enhardie dans son action envahissante par de premiers succès, et proclamant, comme l'héritier de Marius, que rien n'est fait tant qu'il reste quelque chose à faire; dont l'autre, représentée par un vieillard auguste, faible et invincible à la fois, oppose aujourd'hui, comme les prédécesseurs de Pie IX ont opposé jadis, comme ses successeurs opposeront après lui, jusqu'à la fin des temps, l'idée immuable et immortelle à tous les déchaînements de la matière aveugle, à toutes les victoires éphémères de la force brutale, à toutes les tempêtes sans cesse renaissantes des révolutions toujours vaincues.

On peut donc s'étonner à bon droit que des hommes placés en face d'un tel spectacle aient hésité un seul instant et songé à concilier deux choses à jamais inconciliables.

Combien ils sont plus logiques ceux qui, se laissant guider par la foi ou entraîner par leurs passions, ont pris la parole ou la plume pour soutenir franchement et exclusivement, les uns la cause sainte, les autres les prétentions révolutionnaires !

Pour nous, qui avons voué toutes nos sympathies instinctives ou raisonnées au chef suprême de l'Église universelle; qui croyons à l'indispensable nécessité du pouvoir temporel des papes; qui pensons que l'abolir serait décapiter non-seulement le catholicisme, mais la chrétienté tout entière, nous sommes fermement persuadé que Dieu, qui mène toujours les stériles agitations de l'homme, ne lui permettra jamais de renverser le trône sacré et inviolable des successeurs de saint Pierre.

Aussi est-ce avec une vive joie et un juste sentiment d'orgueil que nous avons vu la France, fidèle à ses antiques traditions, justifier et mériter une fois de plus le titre dont s'enorgueillissent nos souverains, — fils aînés de l'Église, — en maintenant au pontife-roi la puissante protection de son armée; tandis que dans les conseils et les hautes délibérations, les orateurs et les écrivains les plus illustres et les plus autorisés parmi nos compatriotes lui apportaient, eux aussi, leur appui éloquent et désintéressé. Aussi encore, et surtout, après avoir tout lu et beaucoup admiré, nous sommes-nous demandé si l'immense question avait été bien considérée, bien étudiée, complétement présentée sous toutes ses faces, si rien d'important n'avait été oublié ou omis?

Et nous nous sommes aperçu qu'entièrement occupés des grands côtés politiques, sociaux et religieux de ce solennel débat, les défenseurs officiels ou officieux de la royauté pontificale avaient passé sous silence un des titres les plus intéressants de la papauté à la reconnaissance du monde : nous parlons du glorieux protectorat qu'elle a toujours exercé envers l'art et les artistes.

Laissant donc aux maîtres de la parole les grands rôles qui leur conviennent, et répétant avec l'un des plus illustres ancêtres du génie italien le

> Desine.....
> Referre sermones Deorum et
> Magna modis tenuare parvis,

Nous venons mêler notre humble voix au concert éclatant qui tient le monde attentif, et essayer de caractériser l'art devant la papauté.

II.

Mais que vient donc faire ici l'art, et pourquoi introduire parmi des débats si graves cette chose si futile ?

Ah! qu'il n'était pas jugé ainsi par ces iconoclastes des premiers siècles chrétiens, qui essayèrent d'anéantir toutes ses productions, et par les papes de ces temps reculés, qui lui donnèrent pour asile inviolable Rome et l'Italie !

Les uns et les autres avaient bien pressenti quels signalés services il était appelé à rendre à l'idée catholique, et l'histoire est là, qui proclame combien leur pressentiment était juste.

Qu'était-ce, en effet, parmi les populations rudes et naïves qui envahissaient le monde romain, qu'était-ce qu'une parole lente, incertaine, souvent obscurément comprise par elles quand elle ne leur était pas tout à fait étrangère, si on la compare à une image frappante qui leur présentait la Mère du Sauveur tenant dans ses bras l'Enfant-Dieu, ou le divin supplicié expirant sur la croix, le front ensanglanté par la couronne d'épines, le flanc entr'ouvert par la lance de Longin, les genoux déchirés par les cailloux sur lesquels il avait traîné son lourd gibet, le corps tout lacéré par le fouet des flagellateurs ?

Et d'ailleurs, souvent l'apôtre qui allait informer les barbares de la doctrine du Christ n'était pas reçu par eux. Il lui fallait alors s'en revenir, bien que, pour accomplir sa mission, il eût volontiers donné sa vie aux bourreaux. Mais ces peuples indifférents, qui ne voulaient ni de sa parole ni de sa vie, se contentaient de l'éconduire.

Qu'à leur porte, cependant, allât frapper l'artiste

voyageur, son bagage à la main, aussitôt on lui ouvrait, on lui faisait fête; la famille et bientôt le village tout entier se groupaient autour de lui, regardant curieusement, admirant ses belles images.

Et ces images représentaient invariablement quelque acte du drame divin, qui commença dans l'étable de Bethléem et se termina sur le Thabor, et souvent, bien souvent, l'artiste sortait de quelque monastère de l'Orient, et, après avoir peint, il parlait.

Qu'on se garde d'ailleurs de croire que ce soit là une pure supposition : il est un grand nombre de faits conservés dans les annales et les légendes de l'art qui prouvent que les choses se passaient bien ainsi, non-seulement dans la pauvre bourgade, mais aussi chez les chefs de ces sociétés à peine ébauchées. Nous n'en citerons qu'un exemple :

Cyrille et Méthode, deux frères, deux moines, deux orateurs chrétiens, avaient en vain, une première fois, essayé de convertir Bogoris, roi des Bulgares; leur éloquence n'avait produit aucun effet, et ils s'en étaient retournés. Cependant, ce prince s'étant fait élever un palais à Nicopolis, sa capitale, voulut l'orner de peintures, et, comme il savait que Méthode était un habile artiste, il le fait rappeler, et lui explique ce qu'il attend de lui. Parmi les décorations dont il désirait voir enrichir les murs de sa demeure, le rude Bulgare demandait surtout au peintre d'imaginer un sujet dont la représentation pût glacer d'effroi les spectateurs. Le saint, mettant à profit les dispositions du roi, entreprend aussitôt de peindre le jugement dernier.

L'ouvrage achevé, on le montre au roi, qui en est singulièrement ému; mais son émotion s'accroît encore, lorsque le moine artiste vient à lui expliquer chacune des parties dont l'ensemble composait son tableau. Il n'y peut tenir, et, obéissant à la grâce qui lui parle par un objet sensible, il demande à être instruit des mystères de la religion chrétienne. Méthode travaille sans délai à éclaircir ses doutes, et bientôt, de la même main qui avait tenu le pinceau, il verse sur la tête du barbare converti l'eau régénératrice.

Cette puissance de l'image était, du reste, si bien connue des grands orateurs de l'Église primitive, qui, dans les capitales de l'empire, faisaient descendre la parole de Dieu sur les fidèles assemblés autour d'eux, qu'ils ne tardèrent pas à craindre les écarts possibles de l'artiste; aussi crurent-ils devoir lui imposer une sorte de loi canonique. Ils durent même hésiter d'autant moins à le faire, qu'ils avaient assumé dès lors sur eux toute la responsabilité des productions de l'art ingénieux qui les secondait si bien dans la diffusion de l'Évangile parmi les peuples. C'est ce dont le concile de Nicée, de 787, qui condamna l'hérésie des iconoclastes, nous fournit la preuve authentique.

« *Comment, disent les Pères, pourrait-on accuser* « *les peintres d'erreurs? L'artiste n'invente rien; c'est* « *par les antiques traditions qu'on le dirige. Sa main* « *ne fait qu'exécuter. Il est notoire que l'invention et la* « *composition des tableaux appartiennent aux Pères,* « *qui les consacrent. A proprement parler, ce sont* « *eux qui les font.* »

On le voit donc, dans ces premiers siècles, une mission bien haute et bien certaine fut confiée à l'art. Tantôt précédant, tantôt accompagnant le prêtre, tantôt le suivant, toujours uni à lui, souvent ne faisant qu'un avec lui, traduisant ses saintes inspirations dans son langage frappant et universel, le peintre expliquait, commentait, vivifiait et complétait l'éloquence elle-même : il illuminait et achevait le Verbe. Ce fut là aussi un véritable apostolat.

Et si, de ces figurations hiératiques de l'école byzantine, nous passons, en franchissant d'un bond immense tous les degrés intermédiaires, aux sublimes réalisations de Raphaël, pensera-t-on que là encore il n'y ait qu'un futile contentement offert à des esprits saturés des délices de la plus raffinée des civilisations?

Tel n'est pas l'avis de deux de nos plus illustres contemporains, personnages d'une renommée et d'un caractère bien différents, et que personne, à coup sûr, ne sera tenté de soupçonner de condescendance et de partialité, dans la question qui nous occupe.

« Raphaël, écrivait, en 1816, M. Guizot, Raphaël prend une toile grise et quelques couleurs : le prince de la milice céleste, l'archange Michel descend sur cette toile, y triomphe du prince des ténèbres, et reprend son vol vers les cieux. Raphaël a fixé sur une autre toile cette sainte famille, où une Vierge mère et un Dieu enfant offrent aux regards tout ce que la virginité, la maternité, la Divinité et l'enfance ont de plus touchant et de plus auguste..... »

Et, après l'austère calviniste, voici venir le plus célèbre de nos chansonniers qui, dans une lettre écrite, le 18 juillet 1833, à M. J. Bernard, membre de la Chambre des députés, alors à Rome, semble compléter et achever la pensée de M. Guizot : « Et mon Raphaël, s'écrie Béranger, admirez-le surtout, je vous en prie! Dieu avait oublié de donner celui-là aux plus belles époques de la Grèce antique; félicitez-en bien le catholicisme. »

III.

Oui, certes, il faut en féliciter le catholicisme, et seulement le catholicisme, à l'exclusion de tous les autres cultes dissidents, qui, eux, n'ont point jusqu'à présent inspiré de chefs-d'œuvre.

C'est lui, en effet, c'est le catholicisme, c'est l'Église orthodoxe, ce sont les papes qui, dès l'origine, recherchent, suscitent l'artiste et l'encouragent à peindre, sur les parois des saintes catacombes, ces fresques qui ont tant occupé la critique et qui, à défaut des textes écrits, nous initieraient, à elles seules, à l'histoire toute saignante des premiers âges du christianisme.

Oui, c'est de Rome souterraine et sous l'impulsion immédiate des papes que la religion catholique et l'art moderne ont ensemble surgi pour glorifier le Créateur, pour affranchir et ennoblir la créature, pour moraliser la civilisation antique, pour renouveler la face du vieux monde.

C'est ce dont on ne peut plus douter aujourd'hui, et, nous le disons avec orgueil, c'est à la France qu'est due la constatation certaine de ce fait capital, acquis désormais à la critique historique.

Et cette constatation ne date pas de bien loin : à peine dix années se sont écoulées depuis qu'elle a été faite. Ce temps a cependant suffi pour montrer qu'elle est inattaquable et bien définitive.

En 1851, un artiste français, un architecte, M. Perret, qui était resté longtemps à Rome occupé à explorer les catacombes, revenait en France les mains pleines des trésors les plus précieux, les plus inestimables pour l'histoire de l'art et aussi de la religion dans les premiers siècles de notre ère. Aucune publication ne pouvait être d'un intérêt plus haut et plus grave, mais les frais qu'elle devait entraîner étaient considérables. On songea alors à y faire participer l'État. Le gouvernement, informé, se montra parfaitement disposé, et présenta un projet de décret à l'Assemblée législative. Une commission fut nommée, dont le rapporteur était l'honorable M. Vitet, si connu de quiconque s'occupe d'art, et dans la séance du 2 juillet, le savant membre de l'Institut s'exprimait ainsi devant ses collègues de la Chambre :

« Quoique descendu le dernier dans la mine, M. Perret a trouvé un filon encore vierge. Il s'est aperçu que le dogme et la science ne régnaient pas seuls dans ces immenses nécropoles, et que l'art, l'art pris dans sa plus haute acception, l'art inspiré, l'art créateur, y occupait une place que personne n'avait encore signalée.

« En effet, les planches exécutées pour l'ouvrage de Bosio, planches dont Bottari s'est servi à son tour, sont gravées d'après des dessins d'une exactitude plus que suspecte. Elles sont traitées dans cet esprit de convention et d'à-peu-près qui était la maladie des maîtres de cette époque, à plus forte raison, des manœuvres. Ce sont, à vrai dire, des indications pour faciliter l'intelligence du texte, ce ne sont pas des traductions cherchant à exprimer et à faire sentir les formes des objets représentés.

« Le hasard a voulu que, depuis Bottari, les érudits qui sont de nouveau descendus dans les catacombes n'aient jamais comparé, du moins au point de vue de l'art, ces estampes aux originaux, et ne nous en aient point fait connaître l'insuffisance et l'inexactitude. Quant aux artistes et aux amateurs, convaincus que, dans ces souterrains, les savants seuls ont quelque chose à voir, ils ne s'amusent guère à pénétrer assez avant pour exercer un utile contrôle.

« M. Perret, cela va sans dire, ne s'en est pas tenu à cette visite obligée : il n'a été arrêté ni par les éboulements si fréquents dans ces couches de pouzzolane, ni par les difficultés de toute sorte qui rendent ce voyage incommode et même dangereux, pour peu qu'il se prolonge. Après en avoir visité en tous sens les cimetières les plus accessibles, il a voulu pénétrer dans ceux qu'on ne visite jamais. Tout ces cimetières, en général, sont aussi vastes et percés d'autant de rues que des quartiers entiers de la plus grande ville. C'est déjà presque un mérite de les avoir seulement parcourus; mais c'en est un plus grand d'y avoir porté cet esprit de judicieuse critique et ce discernement d'artiste qui, à la vue des monuments contenus dans ces mystérieux dépôts, ne pouvait manquer d'y reconnaître combien sont infidèles ces images qu'on nous en avait données jusqu'ici...

« M. Perret n'eût-il fait autre chose que de restituer à ces peintures leur véritable caractère, de les représenter telles qu'elles sont, et d'établir ainsi par la meilleure des preuves, en dépit des plus doctes écrits, qu'il ne faut pas y chercher seulement de grossières ébauches dépourvues de tout mérite d'exécution, de toute expression individuelle, de toute imitation étudiée ; n'eût-il que fait cela, ce serait déjà pour l'histoire de l'art et pour l'art lui-même un grand service, un important secours. Mais ce travail de restitution n'est que la moindre partie de l'œuvre qui vous est soumise : sur cent quatre-vingt-neuf fresques reproduites par l'auteur, trente-cinq seulement sont dessinées à nouveau, quoique déjà publiées; cent quatorze sont entièrement inédites. Les chambres sépulcrales où elles se trouvent n'ont été elles-mêmes déblayées que depuis peu d'années.

« Si dans les peintures anciennement connues il s'en trouve çà et là de très-belles, confondues parmi tant d'autres d'une incontestable médiocrité, on peut dire que la proportion contraire semble établie quant aux peintures nouvellement retrouvées. Elles sont pour la plupart de l'époque la plus ancienne, c'est-à-dire du troisième et même du deuxième siècle ; et on comprend que plus on remonte vers le temps d'Auguste, plus on a chance de trouver l'art florissant. Ce n'est pas que, même au deuxième siècle, cet art gréco-romain, abandonné à la routine mythologique, ne fût déjà dépourvu de jeunesse et de vie; mais, au contact de la pensée chrétienne, il se transfigurait, et, tout en conservant ses traditions, ses procédés, il devenait un art nouveau, un art jeune et vivant.

« Vous le voyez, Messieurs, ajoutait M. Vitet en s'adressant toujours à ses collègues de l'Assemblée législative, la partie de l'ouvrage de M. Perret qui concerne la peinture dans les catacombes a ce double but, de rétablir d'abord celles des fresques déjà connues qui avaient été le plus mal interprétées et qui méritaient de l'être mieux, en second lieu, de mettre au jour pour la première fois les principales peintures récemment retrouvées, celles-là surtout qui se distinguent par la grandeur du style et par la beauté des sujets.

« Pour ce qui regarde l'architecture, M. Perret s'est également attaché de préférence aux nouvelles salles ignorées de Bosio et de ses successeurs. Sur soixante-treize feuilles de dessins consacrés à l'architecture, quarante-cinq, à notre connaissance, ne contiennent que des études absolument inédites; vingt-huit seulement sont des restitutions.

« Cette partie de l'ouvrage, quoique moins attrayante, n'est ni moins neuve, ni moins intéressante en son genre que celle qui concerne la peinture. On y rencontre des chapiteaux, des bases, des colonnes et autres détails architectoniques qui ne peuvent manquer de causer quelque émoi chez les archéologues.

« La parfaite exactitude de ces dessins d'architecture résulte des innombrables cotes prises par M. Perret lui-même. En sa qualité d'architecte, il devait apporter un soin tout particulier à cette partie de son travail, et les pièces justificatives sur lesquelles il s'appuie sont hors de contestation. Nous en pourrons dire autant des dessins qui représentent les peintures. Là aussi l'exactitude ne peut être mise en doute; toutes ces fresques ont été calquées, soit par M. Perret lui-même, soit sans sous sa direction et sous sa surveillance. Les calques, quand les dimensions l'exigeaient, ont été réduits sur place et devant les originaux par des hommes d'un talent aussi sûr que consciencieux. Nous nous plaisons à en citer un, M. Savinien-Petit, parce que son nom nous semble une garantie.

« Ajoutons que dans cette assemblée même et au sein de votre commission, M. Perret pourrait invoquer un témoin de sa fidélité. Un de nos collègues (M. de Corcelles, ambassadeur à Rome) a été assez heureux pour comparer dans les catacombes mêmes un grand nombre de ces dessins à peine achevés avec les fresques qu'ils représentent. »

Ce rapide exposé tombé de la tribune française, et qui affirmait avec tant de clarté, de précision et d'autorité, jeta un jour nouveau et inattendu sur l'une des plus intéressantes questions qu'il soit donné à l'esprit d'investigation moderne d'étudier, de scruter et de creuser.

Aussi, dès que l'ouvrage patroné et, pour ainsi dire, adopté par le gouvernement et le pays parut, cet esprit d'ingénieuse critique, dont on connaît les exigences, se mit à l'examiner dans toutes ses parties, et, s'il nous est permis de nous exprimer ainsi, jusque dans ses derniers replis.

Il soutint l'examen, et força tout homme de bonne foi à adopter ses conclusions, tant les faits déjà connus qu'il rétablissait ou les faits nouveaux qu'il faisait connaître étaient empreints des caractères de la certitude et de l'évidence.

Or, ces conclusions, les voici, avec les raisons qui les ont fait émettre et adopter : « Les catacombes, dit M. Perret, n'étaient pas seulement des lieux de sépulture; elles renfermaient dans leur sein des églises où s'assemblaient les fidèles; elles leur servaient de refuge pendant les persécutions. Quelques auteurs ont voulu démentir cette antique tradition, en alléguant que l'exiguité de l'espace et la raréfacion de l'air n'avaient pas permis aux chrétiens de vivre dans ces demeures souterraines. Leurs objections pourraient avoir quelque valeur s'il s'agissait d'une résidence continuelle, mais elles tombent d'elles-mêmes dès qu'il s'agit d'un séjour momentané. Les plus anciennes traditions de l'église de Rome nous montrent saint Pierre et ses premiers successeurs réfugiés dans les catacombes, instruisant les fidèles, baptisant les catéchumènes, consacrant les évêques et les prêtres. Il arriva même qu'ils y subirent le martyre, comme nous le savons notamment de saint Sixte, lors de la persécution de Valérien. Saint Cyprien annonçait ainsi cette nouvelle, récemment apportée de Rome, dans une lettre qu'il adressait aux fidèles d'Afrique : *Istum vero*, leur disait-il, *in cœmeterio animadversum sciatis, octavo iduum Augustarum die*, ...

« Il serait facile de prouver, à l'aide de textes nombreux, que les chrétiens cherchaient un refuge dans ces demeures souterraines dès que les empereurs publiaient de nouveaux édits contre l'Église, ou lorsque la persécution, qui presque jamais n'était interrompue, se réveillait avec une nouvelle fureur. Ainsi, c'est à cause de ce long séjour dans les catacombes que nous voyons chez Minutius Félix les païens donner aux fidèles les épithètes de *latebrosa et lucifugax natio.*

« Il est donc bien démontré que les catacombes ont servi d'églises et de retraites aux premiers fidèles. Or, de simples galeries n'auraient pu évidemment suffire à cette double destination; aussi les fossayeurs avaient-ils creusé des chambres sépulcrales. Elles sont en si grand nombre, que l'on en compte plus de soixante dans la huitième partie du cimetière de Sainte-Agnès. »

L'auteur, après ces premières assertions, basées en grande partie sur les témoignages écrits, entre plus avant et plus intimement dans le vif du sujet, en ne s'appuyant plus que sur l'inspection attentive des localités et sur la saine interprétation des choses qu'il voit et qu'il mesure.

Il fait mieux, il nous prend par la main, et nous fait pénétrer avec lui dans la Rome souterraine. Après avoir descendu un escalier et parcouru pendant quelque temps une galerie, nous arrivons à une porte garnie d'un seuil et située presque toujours au niveau du sol. Nous franchissons le seuil, et nous voici dans une petite chambre d'environ trois mètres de dimension, creusée et taillée dans le tuf noirâtre, et qui, dans son ensemble, représente le sanctuaire en rond-point d'une petite chapelle. Cependant la forme absidale n'est point invariable. On trouve des chambres carrées, circulaires, demi-circulaires, triangulaires, pentagones, hexagones et même octogones. Voyez, au fond, cette tombe de martyr, c'est l'*arcosolium*; ces cavités pratiquées aux parois latérales ont reçu les corps des premiers fidèles. Jetez les yeux sur le rond-point, que l'on appelle aussi *tholus*, c'est là que sont les peintures. Un jour crépusculaire règne dans ce souterrain ; il y tombe par cette ouverture d'environ un mètre carré que l'on nomme *luminaire*, et qui va obliquement s'ouvrir en plein ciel. Vous comprenez que le luminaire sert aussi à renouveler l'air.

Ces chambres, sous le rapport de l'étendue, se divisent en trois classes, les petites, les moyennes, et les grandes. Les petites conservent le nom de chambres; les moyennes reçoivent celui de cryptes, et les grandes ne sont autre chose que des chapelles ou même de véritables églises.

Les chambres sont, à n'en pas douter, l'œuvre de la piété des familles. On désirait reposer, dans le dortoir commun, auprès d'un martyr admiré et vénéré; on faisait construire une salle souterraine dans laquelle la place d'honneur lui était réservée; puis, dans les parois de cette même salle, on disposait des niches horizontales où, l'heure venue, on reposait soi-même. Et si la pieuse famille, propriétaire de cette sépulture dans la grande nécropole, pouvait, après avoir beaucoup donné aux pauvres, disposer de quelques fonds, elle appelait l'artiste, son frère en Jésus-Christ, et le chargeait de peindre, sur la surface du mur qui surmontait la tombe du martyr, quelqu'une des scènes les plus grandioses ou les plus touchantes de l'Ancien ou du Nouveau Testament.

Les cryptes et les églises diffèrent des chambres en ce qu'elles renferment toujours plusieurs de ces tombes de martyrs nommées *arcosolia,* mais elles ne diffèrent entre elles que par l'étendue. On rencontre souvent des chambres à leur pourtour, disposées comme le sont les chapelles dans nos églises actuelles. Elles sont évidemment l'œuvre de la communauté des fidèles, aux assemblées desquels elles servaient, comme aussi à la célébration des mystères.

Dans plusieurs de ces basiliques souterraines, un vestibule sert à isoler le sanctuaire des galeries qui y conduisent. C'est là que s'arrêtaient les catéchumènes qui n'avaient pas encore le droit d'assister au sacrifice des autels. Quant aux nefs elles-mêmes, plusieurs ont la hauteur de trois étages. Elles sont parfois revêtues de stuc ou embellies par des colonnes ou des ornements ciselés dans le tuf; des peintures, souvent plus belles, en ornent les surfaces. Sur les côtés sont disposés parallèlement des tombeaux au nombre de quatre ou cinq rangs superposés, suivant l'élévation de la crypte.

Un sarcophage quadrangulaire, taillé dans le tuf, fait saillie au fond de l'abside. Une table de marbre le recouvre. C'est l'autel sur lequel se célébraient les saints mystères.

En avant de ce sarcophage, de cet *arcosolium*, une balustrade en pierre ou en marbre, à hauteur d'appui, isole et protége l'autel et les reliques des martyrs.

Un autel du même genre et de la même destination s'élève au centre de la principale église du cimetière de Sainte-Agnès. Au-devant s'étend le *presbyterium*, espace réservé aux prêtres; la chaire du pontife est adossée à l'autel, ayant à droite et à gauche des siéges moins élevés. Enfin, la plupart de ces églises sont entourées de chapelles latérales, illustrées par des tombes de martyrs.

IV.

Voyons, de bonne foi, est-il possible, après de telles découvertes et des constatations si certaines, est-il possible de prétendre encore que l'art chrétien, dans ses origines du moins, a reçu toutes ses inspirations de l'art païen, et qu'ensuite toutes ses productions dans l'architecture et la peinture n'ont été que les trop fidèles copies des œuvres des architectes et des peintres de Byzance?

Qui ne voit, par tout ce qui précède, que ce sont les besoins eux-mêmes, les besoins les plus sacrés de cette société nouvelle, qui créent une architecture nouvelle, une peinture nouvelle, un art nouveau?

La basilique païenne, que l'on s'est plu à donner comme le prototype des églises chrétiennes, ne s'en rapproche-t-elle pas infiniment moins que ces églises des catacombes, ces véritables églises où toutes les parties constituantes de la demeure de Dieu sur la terre sont déjà indiquées, trouvées, exécutées? où le vestibule, où la nef principale, où les bas-côtés avec leurs chapelles et leurs tombeaux, où l'autel, le chœur, la chaire, les reliefs de l'architecture, qui font oublier que l'on est sous terre, l'éloquence des peintures, ces *livres des illétrés*, où tout se trouve déjà, tout ce qui plus tard constituera l'Église, quand elle prendra possession du jour, de la lumière et de la face de la terre ?

Eh bien ! nous le répétons, et tous ceux qui nous ont suivi attentivement jusqu'ici le répéteront avec nous, si l'art chrétien naît avec la foi dans les catacombes, si le culte y trouve dès l'origine sa véritable et sa plus pure expression, c'est, comment pourrait-on ne pas le reconnaître, c'est grâce à l'initiative des papes des trois premiers siècles, et plus certainement encore, c'est sous leur direction immédiate.

Nous avons vu leur siége souverain adossé, dans les grandes églises de ces catacombes, au tombeau du martyr, au maître-autel.

Qui consentira jamais à croire que le chef vénéré, qui gouvernait de là toutes les affaires spirituelles et temporelles de la chrétienté naissante, n'eût pas la haute main sur ce qui concernait spécialement la demeure commune, le lieu des assemblées, le sanctuaire où le Christ communiquait avec ses fidèles; où ses apôtres et ses martyrs étaient ensevelis; où l'on descendait encore chaque jour pour ceux qui avaient perdu la vie et gagné l'éternité dans leur lutte contre le paganisme, rendu plus attentif et plus cruel après cette grande voix sortie du temple de Jérusalem en ruine, et qui criait, au rapport de Tacite, que les dieux s'en allaient?

Évidemment, à ceux-là mêmes qui veillaient si attentivement sur l'éducation religieuse des premiers fidèles incombait aussi la charge, et de choisir l'artiste qui devait peindre les fresques des églises, et de jamais ne le perdre de vue durant toute l'exécution de son œuvre.

Car cet œuvre, c'était le commentaire visible et permanent d'une parole fugitive; il fallait donc que tout, jusqu'aux moindres détails du geste et de l'expression, y concourût à l'éducation que le pontife poursuivait avec tant de sollicitude; il fallait que l'impression morale que le spectateur allait recevoir et devait conserver fût la continuation de la leçon orale, et la gravât profondément dans la mémoire d'auditeurs dont un grand nombre ne savaient pas lire. Et d'ailleurs, nous l'avons déjà vu, l'artiste, dans ces temps de palingénésie religieuse et sociale, n'était pas livré à lui-même. Un texte certain nous l'apprend : « L'invention et la composition des tableaux appartenaient aux Pères; la main de l'artiste ne faisait qu'exécuter. »

Mais comme elle exécute! comme le peintre, en proie à la ferveur d'une conversion récente, et l'esprit tout illuminé encore par la parole du pontife, sait trouver des beautés nouvelles pour exprimer ces grandeurs qui se révélaient au monde!

Pour savoir qui sont ces figures, dit encore le beau rapport que nous avons cité, pour savoir ce qu'elles font, il n'est pas besoin de commentaire: elles le disent elles-mêmes. L'élévation à Dieu, la contemplation, l'extase, se manifestent non-seulement dans leurs visages, mais jusque dans ces vêtements si hardiment jetés, jusque dans l'élan de ces bras, de ces mains qui s'élèvent au ciel. Au lieu de figures monotones et insignifiantes « telles que les eût faites un artiste de l'école byzantine, les fresques des catacombes nous présentent des types tout nouveaux, presque tous d'une vraie beauté et quelques-uns sublimes. Le génie du poëte n'a pas seul créé Polyeucte; Polyeucte est là, il existe, il respire, naïvement rendu par un pinceau à peine habile, mais inspiré. »

Enfin, le critique célèbre dont l'opinion est ici d'un si grand poids, ne pouvant s'expliquer la cause des beautés de premier ordre qu'il découvre dans ces peintures du IIe et du IIIe siècle chrétien, et après les avoir comparés aux œuvres de Phidias, s'écrie : « D'où venait ce retour à la simplicité primitive? Le vrai beau renaît-il donc, pour ainsi dire, de lui-même dès que l'esprit et le cœur des hommes s'ouvrent aux grandes vérités et aux grands sentiments? »

Cette question ne peut se résoudre que par l'affirmative. La foi, l'ardente foi, elle seule guidait la main de ces artistes dont elle illuminait l'esprit et embrasait le cœur. Et, ici encore, ce n'est point d'après une analyse de ces belles figures, quelque certaine qu'elle puisse être d'ailleurs, que nous concluons uniquement. Il est un texte qui jette un jour si vif sur le mystère de leur beauté souveraine dans ces temps de décadence, qu'il suffit de le citer pour tout expliquer : *Pulchra trajecta per animas in manus artificiosas ab illa pulchritudine veniunt, quæ super animas est, cui suspirat anima mea die ac nocte,* dit un des plus illustres Pères de l'Église latine. C'est ainsi, et non autrement, qu'on peut concevoir la cause de ces grandeurs de l'art chrétien dans son enfance : elles émanaient de la beauté éternelle; c'est de cette source divine qu'elles jaillissaient avant de passer par l'âme de l'artiste pour se fixer visiblement par ses pinceaux sur les parois des catacombes. Il est donc inutile d'essayer de remonter à l'art antique pour expliquer ce que nous admirons. A cette époque, l'art païen expirait, et le Moïse, comme bien d'autres figures, accuse nettement, non pas le coucher d'une école qui fut brillante, mais le lever d'un art nouveau. D'ailleurs, dès le principe, il y eut une scission si profonde entre les deux arts, qu'une de ces légendes qui, pour n'être que des légendes, ont cependant une signification très-caractéristique, raconte qu'une peintre ayant osé imiter une image de Jupiter pour rendre la tête de Jésus-Christ, ses mains séchèrent subitement. Il fallut un miracle pour que l'artiste repentant en recouvrît l'usage.

Or, autant on est obligé de reconnaître que c'est dans ces catacombes qu'il faut aller chercher les origines de l'art chrétien, autant il est impossible de nier qu'il naissait sous l'impulsion des pontifes de Rome. On ne décore pas une maison sans l'assentiment, sans les ordres et en dehors de la volonté et des convenances du maître qui y vit, qui y meurt, qui y repose après sa mort. Car, si nous avons vu les siéges où vinrent s'asseoir l'un après l'autre les trente-trois papes qui gouvernèrent l'Église depuis saint Pierre jusqu'à l'édit libérateur de 313, et qui ont l'honneur insigne de compter parmi eux vingt-huit martys, nous savons aussi qu'un grand nombre ont été enterrés dans ces nécropoles souterraines. En dehors du prince des apôtres, qui ouvre cette mémorable série, nous savons que saint Calixte, qui a donné son nom à l'un des principaux cimetières, y fut enseveli, ainsi que saint Luce, saint Denys, saint Félix Ier, saint Eutychien, saint Caïus, saint Eusèbe, saint Melchiade, saint Fabien, saint Sixte, saint Pontien, saint Marcellin.

Mais sortons de ces catacombes doublement glorieuses, et auxquelles d'ailleurs nous aurons à revenir bientôt; sortons-en avec les successeurs des grands hommes qui y dorment; suivons-les à la surface de la terre que Dieu leur donne à régénérer, et voyons comment ils vont poursuivre ce protectorat de l'art, que leurs prédécesseur sur la chaire de Saint-Pierre ont, durant trois siècles de persécutions, si noblement et si efficacement inauguré.

V.

Dès que Constantin fut le maître du monde, il proclama la liberté des cultes. Mais c'était peu pour le zèle du nouveau converti, comme pour la politique du souverain. Celui à qui la croix avait donné la victoire fit abattre les statues de ces dieux qui s'étaient montrés si hostiles au nouveau signe. Il défendit les sacrifices qu'on leur avait offerts jusqu'alors; il fit renverser leurs autels, fermer ou démolir leurs temples de fond en comble. On jeta les bronzes olympiens dans la fournaise ; on brisa les marbres sous les roues des chars. L'exemple donné par le fondateur de Byzance fut suivi par ses successeurs, et surtout par Théodose. Des villes entières se mirent à raser leurs temples, à pulvériser les statues qui faisaient leur plus bel ornement. Pendant plus d'un siècle l'univers retentit du bruit des marteaux qui renversaient les chefs-d'œuvre des Scopas, des Polyclète et des Callimaque..... La destruction des idoles fut si générale que, lorsque l'empereur Honorius renouvela pour la quatrième fois l'ancienne loi qui ordonnait de les briser, il crut devoir ajouter : s'il en subsiste encore, *si quæ etiam nunc in templis fanisque consistunt* (1).

Cependant, tandis que l'œuvre de destruction se poursuivait avec tant d'acharnement dans l'univers romain, que faisait Rome elle-même ?

Rome désobéissait aux empereurs ! Rome conservait ses chefs-d'œuvre !

Ce fait est acquis à l'histoire.

Théodoric, qui prit cette ville en 493, la trouva pleine encore, ce sont ses propres expressions, d'un peuple innombrable de statues et d'immenses troupeaux de chevaux de bronze ; cependant, depuis moins d'un siècle, la grande cité avait vu, à trois reprises différentes, passer sur elle ces trombes vivantes que l'on nomme Alaric et ses Visigoths, Génséric et ses Vandales, Ricimer et ses Suèves !

On peut, nous le savons, rapporter en grande partie la gloire de ce respect des chefs-d'œuvre de l'art à la population de Rome elle-même, si amoureuse des monuments qui embellissaient ses rues et ses places, et à son sénat où il y avait encore beaucoup de partisans de l'ancien culte. Mais il n'en est

---

(1) Émeric David, *Hist. de la peint. au moyen âge.*

pas moins certain que les chefs de l'Église latine étaient, dès ce temps-là, assez puissants pour tout faire renverser, s'ils l'avaient voulu. Nous n'en citerons pour preuve que ce qui se passa à Rome durant le séjour de trois mois qu'y fit Théodose, en 389, après sa victoire sur Maxime. Il y était entré en triomphateur, sur un char traîné par des éléphants, présent du roi de Perse, et ayant à ses côtés Valentinien II, à peine adolescent, qu'il venait de sauver. On avait porté devant lui les dépouilles des ennemis, avec les images des provinces qu'il avait conquises ou délivrées. Les seigneurs de sa cour, le sénat, la noblesse, le peuple tout entier, avaient suivi le char avec des cris d'enthousiasme, avec de frénétiques acclamations. Jamais pouvoir n'avait égalé celui dont disposait cet empereur orthodoxe et catholique, par les ordre de qui, depuis dix ans qu'il régnait, tant de bronzes, tant de marbres avaient été anéantis dans le reste de l'empire. Quel sort vont donc subir toutes ces grandes œuvres de la statuaire, au milieu desquelles s'avance le triomphateur, et qui se dressent autour de lui comme les irrécusables témoins de la désobéissance de Rome?

Elles resteront sur leurs piédestaux! Et même,

enhardi par cette modération si inattendue, Symmaque, en prononçant dans le sénat le panégyrique de l'empereur, lui demandera le rétablissement de l'autel de la Victoire. Théodose refusera, il est vrai. Il savait trop que la victoire ne dépend pas d'une vaine idole; il avait trop éprouvé que, seul, le Dieu des chrétiens, le Dieu des armées, la donne ou la retire à son gré. Et, à défaut de sa propre expérience, saint Ambroise n'était-il pas encore là pour le lui dire; saint Ambroise qui, l'année précédente, l'avait déjà détourné d'accorder cette même grâce aux députés du sénat romain, qui étaient venus la lui demander à Milan ?

Cependant, que fait à Rome le catholique Théodose, de juin à septembre ? Il prend, avec le pape saint Sirice, des mesures propres à combattre et à éteindre les hérésies des novatiens, des donatiens, des priscillianistes et des manichéens; il fait aussi prononcer par le sénat la déchéance définitive de Jupiter. Que l'on suppose, après cela, au saint pasteur de Rome ou à l'éloquent Père de l'Église, le moindre désir, la plus légère volonté de détruire les ouvrages d'art dont fourmille la ville éternelle; ne leur aurait-il pas été facile de profiter, pour accomplir ce désir, cette volonté, du séjour du tout-puissant empereur au milieu de ces mêmes ouvrages qu'il avait déjà condamnés à la destruction? L'occasion n'était-elle pas belle, n'était-elle pas unique, n'était-elle pas certaine? Celui qui s'agenouillait en pleurant, au milieu de son peuple, devant l'énergique archevêque de Milan, lui eût-il refusé ce que lui-même regardait comme l'accomplissement d'un devoir? Et, s'ils l'eussent demandé, s'ils ne s'y étaient pas opposés, peut-être Théodoric, un siècle après, eût-il admiré dans Rome ce peuple innombrable de statues, ces immenses troupeaux de chevaux de bronze, dont nous parlions tout à l'heure.

Non, non, il ne faut pas se refuser à l'évidence; ils savaient conserver, ceux-là qui ont su créer. Déjà, sous le règne d'Honorius, fils de Théodose, les églises de Rome étaient décorées avec une magnificence capable de faire oublier aux païens convertis celle dont resplendissaient naguère leurs temples et leurs idoles. Car ils s'étaient mis de bonne heure à l'œuvre, ces grands évêques de la seule ville commune et universelle. Il semble qu'en l'embellissant dès lors de toutes les merveilles dont l'art était susceptible, ils comprissent déjà qu'ils avaient affaire à la métropole de la chrétienté.

Dès le commencement et pendant une grande

partie du cinquième siècle, Célestin Ier, Sixte III, saint Léon le Grand, Hilaire, Simplicius, font orner de mosaïques et de peintures les églises bâties par Constantin, ou reconstruites par ses successeurs, ou fondées par les papes, leurs prédécesseurs. Saint-Paul, Saint-Jean de Latran, Sainte-Marie-Majeure, Sainte-Sabine, Saint-André, reçoivent tour à tour ces belles décorations, dont quelques-unes subsistent encore, après quinze siècles écoulés.

Des vitraux ornèrent aussi ces tabernacles primitifs de Dieu avec l'homme; et Prudence, le *premier poëte chrétien*, qui vécut à la cour d'Honorius, nous dit que la magnificence de Saint-Paul était toute royale; que tout le pourtour de la nef était enrichi de peintures; que la voûte était revêtue d'or, afin que la lumière qui s'introduisait dans l'intérieur, après avoir traversé des vitraux de diverses couleurs, imitât les clartés de l'Orient. Mais cette vénérable basilique reçut encore, vers ce temps, un ornement bien plus précieux, sous le double rapport de l'art et de l'histoire. « On ne peut douter, dit Lanzi au début de son savant ouvrage, qu'il y ait eu des peintres en Italie, même dans les siècles barbares. Outre le témoignage des écrivains, un grand nombre de peintures échappées aux ravages du temps nous en offrent les preuves. Rome en conserve de très-anciennes, parmi lesquelles deux ouvrages immenses, dont on ne pourrait trouver les pareils dans toute l'Italie. Le premier est la collection des papes jusqu'à saint Léon ; ce pontife lui-même la fit peindre sur l'une des parois de la basilique de Saint-Paul, pour prouver la succession du saint-siége, depuis le prince des apôtres jusqu'à lui. Cet ouvrage du cinquième siècle a été ensuite continué jusqu'à nos jours..... »

Hélas ! pourquoi faut-il que ce vieux témoin des développements de l'art italien n'existe plus aujourd'hui ? Pourquoi faut-il que le fatal incendie de 1823 ait détruit avec l'église elle-même, qui était l'une des plus intéressantes merveilles de l'art chrétien, la galerie originale des promoteurs couronnés de cet art? La collection des portraits des papes commencée par saint Léon, et poursuivie de règne en règne par ses successeurs, c'était le livre d'or de la papauté, auquel chaque siècle venait apporter son feuillet authentique, et que l'homme sincère, de quelque religion qu'il fût, aimait à parcourir pour y reconnaître et y vénérer tant de dignes représentants des suprêmes intérêts de l'humanité. Nulle succession de princes, en effet, ne présente autant que celle-ci des hommes vraiment grands, qui aient, à des titres plus nombreux, plus hauts et plus pleins, mérité le respect, l'admiration et l'amour des bons; qui se soient, enfin, depuis saint Pierre qui fonde jusqu'à saint Léon qui sauve, depuis Grégoire VII qui lutte et triomphe jusqu'à Pie qui prie et souffre, montrés aussi dignes du plus beau titre qu'un souverain puisse porter, celui de vicaire de Dieu sur la terre!

Aujourd'hui, on le sait, tout ce qu'il y avait de réparable dans ce désastre à jamais déplorable a été réparé. Nous dirons bientôt comment et par qui. Pour le moment, continuons notre marche à travers tant de belles créations, entrons dans le VIe siècle, et voyons ce qu'il ajoute au trésor de l'art sans cesse grossi par les papes.

Les catacombes et leurs peintures étaient une des gloires de Rome; aussi les souveraient pontifes veillaient-ils attentivement à leur conservation. Jean Ier, Jean III et Pélage II en firent réparer plusieurs, de 523 à 590, et ce ne fut que trois siècles plus tard, sous Benoît III, qu'on fut obligé de fermer et d'abandonner la majeure partie de ces souterrains, qui s'écroulaient de toutes parts.

Félix IV, dans l'église de Saint-Côme-et-Saint-

Damien, Pélage II, dans celle de Saint-Laurent, dite *in agro veterano,* font exécuter des mosaïques qui existent encore, et l'on peut voir dans Ciampini la gravure qui reproduit cette dernière composition. Mais ce fut Grégoire le Grand qui mérita le mieux de l'art vers la fin de ce siècle et au commencement du VIIe.

Eh quoi! nous dira plus d'un lecteur qui n'a jamais consulté les documents originaux et qui a reçu tout ce qu'il sait de seconde main et toujours accompagné de commentaires intéressés; eh quoi! de ce même Grégoire qui détruisit tant d'œuvres d'art, vous faites un protecteur de l'art!

Ce n'est pas nous, ce sont les faits qui le posent ainsi. Un saint ermite, qui demeurait dans les environs de Ravenne, lui ayant demandé quelques tableaux qui représentassent des sujets de piété, le pontife lui répond en ces termes : « Nous vous avons « envoyé deux toiles, où vous trouverez une croix, « les images de Dieu notre Sauveur, de Marie, la « sainte Mère de Dieu, et des bienheureux apôtres « Pierre et Paul...... »

Ces paroles sont citées par Paul Diacre, par le concile de Rome (1), et on les retrouve dans la lettre

(1) *Conc.*, t. VI, page 1462.

qu'Adrien Ier écrivit à Charlemagne pour la défense des saintes images.

Ce n'est pas tout. Sérénus, évêque de Marseille, avait mis en pièces quelques peintures, auxquelles des personnes grossières et nouvellement converties du paganisme rendaient un culte superstitieux. Grégoire lui écrit pour le louer de son zèle à réprimer les abus, mais il le blâme en même temps d'avoir brisé les images. On peut lire ses propres expressions dans la 13e épître du livre XIe de ses *Lettres*.

Ces mêmes lettres et d'autres textes tout aussi authentiques nous donnent la preuve que Grégoire le Grand ne cessait d'inviter les évêques à multiplier les images, et à décorer de peintures les églises dont le gouvernement leur était confié. Lui-même, dans le couvent qu'il fonda sur le mont Cœlius, fit placer son portrait à côté de ceux de son père et de sa mère. Ce tableau, qui n'existe plus, est gravé, d'après une ancienne copie, dans les *Annales* de Baronius, à l'an 604, et dans l'ouvrage qu'Ange Roca a intitulé : *S. Gregorii ejusque parentum Imagines.*

Un homme dans la vie duquel on rencontre de semblables faits aimait assurément les arts et croyait à l'utilité de leurs productions; aussi le VIIe siècle, qui s'ouvre sous ses auspices, voit-il de nombreux et grands travaux s'exécuter. Parmi ses successeurs, fiers d'imiter ses illustres exemples, Honorius relève l'église de Sainte-Agnès, l'orne de colonnes de bronze doré, de mosaïques et de vitraux de diverses couleurs; Jean IV place des mosaïques à Saint-Venance; Théodore Ier à Saint-Étienne *in monte Cœlio;* Agathon à Saint-Pierre-aux-Liens et à Saint-Pierre du Vatican; Sergius Ier, à Sainte-Euphémie, qu'il avait fait reconstruire.

L'impulsion avait été donnée au loin. Les pays étrangers, la France en tête, suivirent à l'envi l'exemple de Rome dans l'ornementation de leurs églises. Ce besoin même de mettre sous les yeux des fidèles de belles et instructives peintures était devenu si impérieux, que l'on voit à cette époque les évêques de contrées lointaines, qui probablement ne possédaient pas d'artistes, venir acheter à Rome des tableaux de sainteté qu'ils emportent ensuite chez eux. C'est ainsi que Biscops, abbé de Wiremouth, dans un voyage qu'il fit en 685, sous Jean V, dans la capitale de la chrétienté, y acquit quatre tableaux, composés, dit Bède, avec un grand sens, pour montrer la concordance de l'Ancien et du Nouveau Testament. Le premier représentait Isaac portant le bois du sacrifice; le second, Jésus-Christ portant sa croix; le troisième, le serpent d'airain, et le quatrième le Fils de l'homme élevé sur le bois sacré. Ces quatre tableaux, au retour de Biscops en Angleterre, furent placés par lui dans l'église Saint-Paul de son abbaye.

Jean VII monte sur le trône pontifical en 705. Ce pape, Grec de naissance, inaugure à Rome, à l'ouverture du VIIIe siècle, l'avénement de l'art byzantin, qu'une autre cause bien plus puissante, bien plus étendue, bien plus persistante, va répandre à peu d'années de là sur toute la surface de l'Italie, jusqu'à la venue de Giotto et de Boniface VIII.

Jean VII fit représenter deux fois le crucifiement dans des mosaïques dont il couvrit une chapelle dédiée à la Vierge, dans l'église de Saint-Pierre, au-dessus de l'arc qui en formait l'entrée et sur les murs intérieurs. Dans la première de ces peintures, on voyait Jésus vêtu d'une tunique qui descendait jusqu'aux talons; au pied de la croix étaient deux bourreaux, dont l'un perçait le corps du Sauveur d'un coup de lance, et l'autre lui présentait une éponge imbibée de vinaigre; à sa droite était saint Jean; à sa gauche, la Vierge, tous deux debout; le soleil et la lune se montraient dans les airs, comme pour être témoins du sacrifice de l'Homme-Dieu.

Mais cet être divin ne paraissait pas souffrir; sa tête était droite; ses yeux ouverts. Dans la mosaïque qui ornait l'intérieur de l'oratoire, on ne voyait point les deux bourreaux; deux anges en adoration se tenaient élevés auprès de la croix : tout le reste était semblable à la première composition.

Ce grand ouvrage, commandé par un pape né dans la Grèce, exécuté, à n'en pas douter, par des artistes grecs, et nous montrant, selon la coutume orientale, le Christ revêtu, sur la croix, d'une longue robe, obtint beaucoup de succès à Rome, et dut bien disposer les fidèles à recevoir dignement les légions de peintres byzantins qui allaient fuir, dès l'année 726, les persécutions de Léon l'Isaurien et celles de ses successeurs.

A peine, en effet, l'empereur iconoclaste eut-il déclaré aux saintes images et à ceux qui les faisaient cette guerre inepte et impie, que l'on voit l'admirable occasion saisie par Grégoire II, un bien grand pape encore, celui-là! et doué de la plus haute et de la plus saine intelligence des choses qui civilisent et poussent l'humanité dans ses voies vraies et fécondes.

Tandis que l'Isaurien, et après lui Constantin Copronyme, son digne fils, exercent leur fureur contre les peintures où étaient tracées les plus belles scènes de l'Ancien et du Nouveau Testament, et excitent une populace imbécile à les briser, tandis qu'ils livrent aux bourreaux les artistes que le martyre multiplie, Grégoire II, Grégoire III, Zacharie, Étienne II, Adrien Ier, Léon III, appellent à Rome et en Italie ces praticiens émérites, rompus, de génération en génération, à tous les secrets du métier, à tous les procédés d'une école savante, bien que depuis longtemps immobilisé. Ils fondent de vastes monastères pour les recevoir, et aussitôt les emploient, sans cesse et partout, à créer dans l'Occident ce que l'Orient mettait tant de passion à détruire.

Cependant, tout en protégeant les victimes, ces grands pontifes, qui veillaient avec un soin jaloux à l'intégrité de l'idée catholique, n'oubliaient pas de frapper les persécuteurs de leurs foudres sacrées. Les conciles se succédaient : ceux de l'Église grecque anathématisant l'art, ceux de la communion latine le protégeant. Dieu donna raison aux successeurs de saint Pierre : l'art s'éteignit dans la Grèce, et l'Italie continua de marcher vers les siècles éblouissants où Jules II, Léon X, allaient demander leurs immortels chefs-d'œuvre à Michel-Ange et à Raphaël.

Il faut dire aussi que ces papes éminents du VIIIe siècle s'étaient, en sauvant l'art, attaché les peuples plus étroitement encore, et qu'à partir de leur règne l'histoire accélère son pas et prend des allures décisives.

C'est la race latine, amoureuse des saintes images, qui se détache de ses souverains iconoclastes, et prête à Grégoire II la force de lutter contre les Lombards. C'est Grégoire III, qui, mis en péril par Luitprand, le maître arien de la haute Italie, conçoit le projet de placer le saint-siége sous la protection des Francs et s'en ouvre à Charles Martel. C'est Zacharie, « homme d'une bonté et d'une douceur singulières, » qui, pour avoir donné asile aux ducs de Spolette et de Bénévent, se voit enlever par ce même Luitprand Ancône et d'autres villes, et pourtant, par ses prières et sa touchante éloquence, les fait rendre à l'Église. C'est Étienne II, qui reçoit de Pépin le Bref, vainqueur d'Astolphe, l'exarchat de Ravenne et la pentapole italienne. C'est Adrien Ier, qui voit, en 773, Charlemagne, vainqueur de Didier, renouveler et augmenter la donation de Pépin. C'est Paul III, qui couronne en 800 le grand homme empereur d'Occident.

Aussi, feuilletez les écrivains contemporains, interrogez les monuments et applaudissez, car l'ancienne Rome sort de ses ruines, ou plutôt Rome moderne commence. Les murs de la ville sont relevés, les acqueducs rétablis; des bains sont consacrés à l'usage des pauvres; on bâtit de nouvelles églises; on restaure les anciennes; on place dans l'intérieur de ces basiliques les plus nombreuses et les plus belles châsses, des couronnes, des lampes, des candélabres, des devants d'autel en bas-relief, des bustes, des statues même, en argent et en or, travaillés avec toute la patience et la richesse de Byzance. Les temples saints sont encore ornés d'une incroyable multitude de tentures de soie à personnages, enrichies d'or et d'argent et de pierres précieuses; on y admire partout des colonnes, des autels, des pavés entiers revêtues de lames d'argent; partout des mosaïques, partout des vastes peintures couvrant l'intérieur des églises dans tout leur contour, créations d'il y a mille ans qui, subsistant aujourd'hui encore en grande partie, attestent aux yeux et à l'esprit de notre génération la magnificence et la sagesse des pontifes qui les semèrent avec une si intelligente profusion.

Ce grand mouvement se continue pendant tout le IXe siècle, sous l'active impulsion de Pascal Ier, de

Sergius II, de Léon IV, de Benoît III, de Nicolas Ier, d'Adrien III et de Formose, qui font exécuter des mosaïques et des peintures dont plusieurs ont résisté au temps, à *S. Maria in Dominica*, à Sainte-Praxède, à Sainte-Cécile, dans le dortoir du couvent de Sainte-Agnès, à Saint-Jean de Latran, dans la chapelle appelée *Sancta Sanctorum*, dans l'oratoire *della Scala-Santa*, à *Santa-Maria-Nueva*, à *Santa-Pudentiana*, à Saint-Pierre. Ce siècle est digne de ceux qui l'ont précédé et préparé.

Que ne pouvons-nous en dire autant de celui qui le suit, de ce xe siècle, où les faibles mains des descendants dégénérés de Charlemagne laissent flotter à l'aventure les rênes de la société occidentale, où retentissent sans trêve et sans merci le cliquetis du fer, les cris des révoltes, les agitations fiévreuses de la rue et de la place publique; où les brigands féodaux et les tyrans républicains jettent sans cesse dans Rome, du haut du château Saint-Ange, le plus épouvantable désordre; où l'on voit passer, dans la plus sinistre des successions, Marosie, Albéric Ier, Albéric II, Crescentius; où le saint-siége est sans cesse violé, opprimé, profané; où les papes qui veulent le défendre sont traînés en prison, poignardés, étranglés: siècle qui, véritablement, semblait le dernier du monde, tant il est stérile, tant l'anarchie seule y règne et y hurle du commencement à la fin, et qui pourtant, arrivé à son heure suprême, se ferme glorieusement, grâce à l'avénement de l'illustre Sylvestre II!

Eh bien! voyez quel hymne de reconnaissance l'art doit au catholicisme! Délaissé, méprisé, chassé par tous ces féroces et impuissants agitateurs du siècle, il se cache dans les cloîtres, il se réfugie auprès de saints évêques qui le protégent avec sollicitude, pour le faire servir à l'ornement de la demeure de Dieu. A Rome, à Rome même, au milieu des souffrances indicibles de l'Église, et comme pour prouver que, jusque dans les temps les plus désastreux, la papauté n'a jamais voulu abdiquer le sacré protectorat de l'art, Jean XII décore de mosaïques le vestiaire de Saint-Jean de Latran!

Mais le XIe siècle s'ouvre, et avec lui commence la lutte courageuse du génie contre la barbarie. Le désir de s'instruire, nourri par l'espoir de s'élever à de grands emplois, agite une foule d'hommes supérieurs. Le monde venait d'avoir un magnifique exemple des hautes fortunes où pouvaient faire parvenir la science et la vertu. Le dernier pape du Xe siècle, qui est aussi le premier du XIe, le savant

Gerbert, Sylvestre II, n'avait été dans sa jeunesse qu'un simple pâtre du Cantal, et cependant il fut si grand sur le trône pontifical, que notre génération lui a élevé à Aurillac, sa patrie, une statue, chef-d'œuvre de David d'Angers, et à cet hommage de la France catholique Grégoire XVI a voulu s'unir de cœur et d'action.

« Le projet, lit-on dans une lettre adressée, de la « part du prédécesseur de Pie IX, à Mgr de Mar- « guerye, évêque de Saint-Flour, par le cardinal « Lambruschini, le projet formé dans votre diocèse « d'élever à Aurillac une magnifique statue en l'hon- « neur du grand pape Sylvestre II, dont la mémoire « ne cessera d'être louée d'âge en âge, a reçu la « haute approbation de son glorieux successeur, « notre très-saint père le pape Grégoire XVI. Syl- « vestre II se distingua, en effet, d'une manière si « éclatante par la sainteté de sa vie, l'universalité « de ses connaissances et l'ardeur de son zèle apos- « tolique, qu'il est digne, à tous égards, de voir son « nom immortalisé par le monument public que lui « préparent l'admiration et l'amour de ses conci- « toyens. Aussi, le souverain pontife, applaudissant « à ce projet et accueillant avec bienveillance la de- « mande qui lui était adressée, a-t-il voulu contri-

« buer, lui aussi, à l'érection de ce monument par « le don d'une somme de 100 écus (535 francs), « dont voici le billet. »

Ainsi, ce n'est pas seulement à Rome que les papes encouragent l'art, et nous verrons bientôt, par des faits certains et historiquement constatés, qu'ils ont toujours moralement et souvent pécuniairement contribué à son développement et à ses applications dans tout le monde chrétien.

Suivons cependant, autant que possible, l'ordre des faits.

Un des plus vastes ouvrages d'art de ces temps reculés qui existent encore à Rome honore le pontificat de Sergius IV. « Il orne, dit Lanzi, toute l'église de Saint-Urbain, dont les lambris représentent des sujets évangéliques et plusieurs traits de l'histoire du saint patron de cette église, avec quelques actions de la vie de sainte Cécile : travail qui n'ayant rien de grec, ni dans les figures ni dans les draperies, doit plutôt être attribué à un pinceau italien. On y lit la date de 1011. »

D'Azincourt qui donne, dans son *Histoire de l'art par les monuments*, la gravure de ces fresques, les croit d'une école grecque. Là n'est pas la question. Grecques ou italiennes, elles existent, et c'est à Sergius IV que nous les devons. Cela nous suffit.

L'histoire se tait sur les monuments de l'art qui ont pu être exécutés à Rome, sur l'ordre immédiat des souverains pontifes, durant le reste de ce siècle; mais quelques-uns des plus illustres papes qu'il ait vu régner sortaient de cet ordre de Saint-Benoît, à qui les sciences, les lettres et les arts doivent tant de reconnaissance. L'immortel Grégoire VII avait quitté la célèbre abbaye de Cluny pour suivre à Rome le pape Léon IX, dans cette même année, 1049, où l'abbé Hugues succédait à Odillon. Et ceux qui se sont occupés de l'histoire de l'art en France savent que c'est ce même Hugues, l'ami fidèle toujours, souvent le mandataire dévoué de Grégoire VII, qui poussa si loin les splendeurs de Cluny; que c'est lui qui fit commencer cette superbe basilique, longtemps le second chef-lieu de la chrétienté, ornée des plus grandes, des plus belles, des plus curieuses œuvres d'art qui aient été exécutées dans les XIe et XIIe siècles, et qui fut consacrée par Innocent II, sous Pierre le Vénérable, quelques années après la mort de Hugues.

Il est évident que tous ces intéressants travaux ne se faisaient pas sans l'approbation de l'austère pontife; il est plus évident encore que toutes les merveilles artistiques dont s'embellissait, à la même époque et sous l'œil même des papes, le monastère de Sabiaco, étaient non-seulement approuvées, mais encore encouragées, peut-être commandées par eux.

On peut en dire autant des magnificences dont les Bénédictins de la Cava ornaient alors leur abbaye, fondée en 1025, et qui relevait directement du chef de l'Église.

Mais les travaux d'art qui, dans ce même siècle, priment tous les autres, sont à coup sûr ceux que Didier, abbé du monastère du Mont-Cassin, fit exécuter dans cette célèbre abbaye, qu'il gouverna avec tant de gloire. C'est ce grand homme, en effet, qui jette, en 1066, les fondements des nouveaux édifices de ce « berceau des ordres religieux, » de ce grandiose couvent, sorte d'arche sainte où furent gardés et sauvés, et multipliés, durant le naufrage de la civilisation, les trésors du génie littéraire de l'antiquité; c'est lui qui fit recouvrir d'inscrustations, de mosaïques et de peintures, les murs intérieurs de l'église, les voûtes, les pavés, tous les portiques, tous les cloîtres; c'est lui qui bâtit cette nef où Luca Giordano a peint, depuis la consécration qu'en fit, en 1071, le pape Alexandre II, prédécesseur immédiat de Grégoire VII.

Or, on sait que l'abbé Didier n'est autre que Victor III, successeur immédiat aussi de ce même Grégoire, qui mourut en murmurant : « J'ai aimé la justice et haï l'iniquité, voilà pourquoi je meurs en exil. »

Puissions-nous ne pas les entendre retentir de nouveau au milieu de nous, ces paroles tout empreintes de grandeur morale, de navrante tristesse, et de cette inflexibilité auguste de la vertu et du devoir, qui fait préférer la mort dans l'exil à la pensée même d'une concession indigne !

Pascal II, dont le pontificat ferme le XIe siècle et ouvre le XIIe, inaugure celui-ci avec éclat. Il reconstruit à Lyon le chœur de l'église d'Enay, dont il avait été abbé, et le consacre en 1106. « On voit encore aujourd'hui, dit l'auteur des *Antiquités de la ville de Lyon*, au milieu du sanctuaire, l'histoire de ce sacre représentée dans un monument à la mosaïque des plus curieux. On y voit Pascal II, tenant entre les mains l'effigie de la nouvelle église qu'il venait de sacrer. On y lit encore ce vers, à demi rongé par le temps :

Hanc ædem sacram Pascalis Papa dicavit.

C'est encore Pascal II qui fit exécuter à Rome,

dans la tribune de l'église des *Santi-Quatro-Coronati*, ces peintures décoratives que leurs auteurs, par une mode qui prit naissance alors, signèrent de leurs noms : *Guido* et *Pietrolino*.

Les Papes qui succèdent à Pascal suivent avec ardeur son exemple. Calixte II, Honorius II, Innocent II, Eugène III, Anastase IV, Adrien IV, Clément III, placèrent dans les églises de Saint-Chrysogone, de Sainte-Marie *in Transtevere*, de Saint-Eusèbe, de Saint-Grégoire, de Sainte-Marie-Majeure, des peintures et des mosaïques, dont plusieurs ont été conservées jusqu'à nos jours.

C'est ainsi qu'une grande partie des grandes compositions dont Calixte II avait décoré un oratoire dédié à saint Nicolas, et une salle d'audience construite par lui à Saint-Jean de Latran, subsistent encore. C'est celle de l'abside de l'Oratoire, qui renferme dix-huit figures. Benoît XIV, qui a montré une si constante sollicitude pour les beaux-arts, l'a fait restaurer, et l'on peut la voir gravée dans l'ouvrage d'un pape, intitulé : *De servorum Dei Beatificatione*.

Preuve nouvelle des saines vues de la papauté sur l'art et des services que la religion en a toujours tirés. Mais ce serviteur fidèle a bien souvent été frappé des mêmes coups que lui portaient des mains impies.

Le souverain pontife qui succéda à Calixte II, Honorius II, s'était fait peindre dans le palais de Latran couronnant l'empereur Lothaire, en dépit des prétentions futures de Frédéric de Souabe; aussi, lorsque celui-ci eut triomphé et fut resté le maître des choses, ses partisans effacèrent les peintures d'Honorius, destinées à rappeler le souvenir d'un grand fait d'histoire : les puissances de la terre demandant leur consécration au pouvoir religieux.

Mais le XIIIe siècle se lève; l'aurore de la renaissance point à l'horizon, et la papauté en avive les premières clartés. Au commencement, Honorius III reconstruit le portique de la basilique de Saint-Laurent, et l'orne de peintures. Le même pape fait aussi exécuter à Subiaco une autre peinture qui porte la date de 1219, et qui subsiste encore. Elle représente la consécration d'une église, le peintre l'a signée : *Conxiolus pinxit*, et Lanzi croit devoir la mentionner.

Nous ne nous arrêterons pas sur tout ce qui se fit à Assise dans ce même siècle. Il y aurait trop à dire. Cependant, nous ne saurions omettre ici une considération qui n'a peut-être pas assez attiré l'attention de l'histoire. On sait combien saint Dominique, saint Bernard, saint François d'Assise, entre autres, furent opposés à cette pompe de l'art, à ces belles décorations de la peinture et de la mosaïque, qu'ils appelaient un luxe coupable : eh bien ! partout où l'influence heureuse des souverains pontifes pouvait se faire directement sentir, l'art triomphait des éloquentes invectives de ces trop rigides réformateurs ; l'art triomphait même dans les monastères et les temples fondés par eux ; l'église de Saint-François-d'Assise elle-même est le témoin le plus éclatant et le plus véridique de ce fait, dont l'art tient compte à la papauté. C'est là, en effet, que Cimabué, vers 1265, a placé le *mille d'or* de la peinture, qui se remettait en marche ; c'est là que Giotto quelques années après, a fixé sa première étape.

A peine Giotto avait-il terminé à Assise ces travaux où palpitait l'avenir, que Boniface VIII l'appelle à Rome et lui fait exécuter la nacelle de saint Pierre dans le portique de la basilique, puis les peintures de la sacristie du Vatican, où l'on voit des actions de la vie de saint Pierre et de saint Paul, avec des figures de la Vierge et de plusieurs saints, qui toutes peuvent être comparées aux miniatures les plus gracieuses et les mieux finies.

Mais voici que le saint-père proclame, du haut du balcon de Saint-Jean de Latran, le jubilé de 1300.

Giotto est aussitôt appelé à peindre cette grande solennité, et il nous en a laissé la représentation dans la basilique-mère. On le voit aujourd'hui : ce premier jubilé de l'histoire chrétienne est aussi celui de l'art moderne.

Cependant Boniface meurt ; Benoît XI ne fait que passer sur le trône pontifical, et Clément V transfère le saint-siége à Avignon, mais non sans y amener Giotto et sans y faire venir Simone Memmi. La papauté peut-elle aller quelque part sans que l'art ne l'accompagne ?

Qui ne connaît d'ailleurs la trace ineffaçable que les Clément V, les Jean XXII, les Benoît XII, les Clément VI, les Innocent IV, les Urbain V, les Grégoire XI, ont laissée à Avignon durant le séjour de soixante-huit années qu'ils y firent ? Les beaux monuments d'architecture, de sculpture, de peinture et de poésie élevés par leurs ordres ou sous leurs yeux conserveront l'éternel et glorieux souvenir de leur passage sur la terre de France.

De retour à Rome, c'est au Vatican qu'ils montent, et là, dans cette magnifique réunion de palais élevés tour à tour par d'immortels architectes, ils posent, développent, agrandissent, complètent d'âge en âge et sans interruption le plus prodigieux entassement de chefs-d'œuvre qui ait jamais été créé et offert à l'admiration des hommes.

Cependant, tout en poursuivant les travaux d'embellissement de ce Capitole de Rome moderne, ils continuaient avec une noble passion d'orner les églises. Martin V appelle dans la capitale de la chrétienté Gentileda-Fabriano, et le charge d'exécuter de grandes peintures à Saint-Jean de Latran. L'illustre artiste y traça l'histoire du patron de cette basilique, et les cinq prophètes de couleur de marbre, œuvre dans laquelle il se surpassa lui-même, et à la vue de laquelle Jean de Bruges le proclama le premier peintre de l'Italie.

Ce jugement eût certainement été bientôt modifié, car déjà le successeur de Martin V invitait le Masaccio à se rendre à Rome, et lui demandait quelques-uns de ces ouvrages devant lesquels un historien de l'art a prononcé cette phrase de Pline : *Jam perfecta sunt omnia.*

Eugène IV voulut avoir aussi le Fiésole auprès de lui, et, à la joie pieuse du pontife, cet artiste, l'une des gloires les plus pures et les plus brillantes de la peinture religieuse, décora des plus belles compositions la chapelle papale du palais de Saint-Pierre.

A son tour, Nicolas V, élu après Eugène IV, et qui fonda la bibliothèque du Vatican, ne laissa pas Angelico quitter Rome sans lui demander des peintures pour une autre chapelle. Le pieux dominicain obéit au saint-père, et enrichit encore d'un chef-d'œuvre la demeure des papes.

Après Calixte III, qui fit reviser le procès de Jeanne d'Arc, et, à l'éternel honneur de la papauté, réhabilita l'honneur de l'héroïne, Sienne avait donné au saint-siége Pie II, si distingué par l'élévation de ses idées et par son amour passionné pour les lettres, pour les arts et pour sa patrie. Il se plut à embellir cette dernière par des édifices et des monuments de toute espèce, et ses libéralités à ce sujet connurent à peine des bornes. Parmi les bienfaits qu'il prodigua à l'État siennois, l'un des plus importants avait été de l'accroître d'une ville. Ce fut Corsignano, lieu de sa naissance, qui a reçu depuis le nom de Pienza, en l'honneur du fondateur. La nouvelle ville prit par ses soins une autre forme; d'autres édifices, parmi lesquels sa cathédrale tient le premier rang, y furent élevés. Elle était déjà construite en 1462, et sa décoration fut confiée par lui à Ansano et Lorenzo di Pietro, Giovanni di Paolo et Matteo, son fils.

On sait d'ailleurs que Pie II avait été, avant son avénement, cet Æneas Sylvius Piccolomini qui, déjà célèbre par ses œuvres littéraires, s'était acquitté avec habileté de diverses missions dont il avait été chargé auprès de plusieurs princes, et, entre autres, de Frédéric III, qui lui décerna la couronne poétique; que, devenu le secrétaire de cet empereur, il avait été envoyé par lui en ambassade auprès d'Eugène IV, puis de Calixte III, qui le créa cardinal, trois ans avant son exaltation.

C'est cette vie mêlée, et avant et depuis qu'il fut pape, à tant d'événements mémorables que son neveu, le cardinal Francesco Piccolomini, voulut faire peindre dans la bibliothèque du Dôme, à Sienne.

Et ici, il se présente un fait si considérable dans l'histoire du protectorat de l'art par les souverains pontifes, qu'il faut bien, pour quelques instants, ralentir notre course si rapide à travers tous ces services, tous ces bienfaits, toute cette gloire.

Pour exécuter ce travail, Francesco Piccolomini attire à Sienne le Pinturicchio, que d'importants ouvrages, faits à Rome pour Innocent VIII et Alexandre VI, avaient déjà rendu célèbre, mais qui allait le devenir bien plus par ceux de la cathédrale de Sienne. Il s'agissait, en effet, de jeter sur de vastes surfaces murales dix grands sujets, depuis l'*Æneas Sylvius, encore jeune, à la suite du cardinal Copranica, au concile de Bâle*, jusqu'à la *Rencontre, hors de la porte Camellia de Sienne, de l'empereur Frédéric III avec Éléonore de Portugal;* depuis l'*Exaltation de Pie II* et la *Canonisation de sainte Catherine de Sienne*, jusqu'à la *Mort du pontife* et à la *Translation de son corps à Rome.*

Il fallait, dans ces dix fresques, rendre le luxe des plus brillantes cours de cette époque, et mettre, pour ainsi dire, sous les yeux du spectateur toute la majesté de l'Europe.

Or, jamais entreprise comparable n'avait été confiée à un artiste. La peinture avait encore peu de hardiesse. On n'avait presque toujours, jusqu'alors, exécuté les grandes figures qu'isolément, et sans en composer des sujets historiques. On se servait pour ceux-ci de proportions plus petites que nature, et on ne s'écartait guère des scènes de l'Ancien ou du Nouveau Testament, dont la répétition fréquente avait aplani la route au plagiat.

Malgré toutes ces difficultés, le Pinturicchio se mit à l'œuvre, et, aidé par quelques artistes de l'école ombrienne, il réussit complétement, si complétement même, que plusieurs historiens de l'art attribuent les fresques de la bibliothèque du Dôme à Raphaël, car Raphaël, âgé alors de dix-neuf ans, était au nombre des artistes accourus à Sienne à la voix du cardinal Francesco, qui, à la même époque, montait sur le trône de Saint-Pierre et prenait le nom de Pie III.

La cérémonie du couronnement du nouveau pape fut le sujet d'une onzième fresque que peignit, en dehors de la bibliothèque, du côté qui communique dans la cathédrale, ou le Pinturicchio ou le Sanzio. Battoni remarque, en effet, que l'on reconnaît dans cette façade, non-seulement le dessin, mais aussi, dans beaucoup de têtes, la couleur de Raphaël.

Quoi qu'il en soit de ces attributions, voici toujours le divin Sanzio introduit pour la première fois sur une scène digne de lui, et c'est à Pie III qu'en revient l'honneur.

Cependant, deux règnes avant le passage si court de ce pape sur le saint-siége, Sixte IV avait fait bâtir, par Baccio Pintelli, la chapelle qui porte son nom, cette chapelle Sixtine dont les syllabes radieuses ont pénétré les esprits les plus ignorants et sont restées dans les mémoires les plus rebelles. Il appelle aussitôt pour la décorer les plus célèbres peintres de l'Italie, et l'on voit accourir au Vatican le Boticelli, le Ghirlandaio, le Roselli de Florence, Luca de Cortone, Bartolomeo d'Arezzo et Pietro Vannucci, de Pérouse, que la postérité a surnommé le Pérugin, et qui fut le maître de Raphaël.

Mais passons sur les peintures que ces maîtres exécutèrent pour Sixte IV, car, bien que Lanzi ait pu dire d'elles qu'elles tiennent de plus près au siècle d'or qui semble déjà répandre de ses rayons éclatants sur quelques-unes d'entre elles, toutes sont rentrées dans l'ombre depuis que, sur l'ordre de Jules II, Michel-Ange est venu placer auprès d'elles ses créations surhumaines.

Toutefois, et avant de passer outre, consignons ici une observation de l'historien que nous venons de citer : « Sixte IV, dit-il, avait peu de connaissance des beaux-arts, mais il était très-jaloux de l'éclat qu'ils répandent sur les grandes actions des princes et de la gloire qu'ils attachent à leur nom. »

Est-on en droit d'en demander davantage aux puissants de la terre, et n'est-ce pas déjà beaucoup que, comme le prince qui fit construire la Sixtine, ils sachent choisir les meilleurs artistes de leur temps ? C'est ce que fit Sixte IV, et par là il prouva surabondamment que ses connaissances en fait d'art n'étaient rien moins qu'insuffisantes. Personne, au surplus, ne le blâmera probablement de n'avoir pas appelé à lui ce Michel-Ange qui naissait en 1474, dans cette même année où le souverain pontife livrait les murs de sa chapelle à l'élite des artistes ses contemporains.

« Jules II, Léon X et tant d'autres papes, écrit « judicieusement M. Cousin, étaient des hommes « doués de goût, c'est-à-dire, d'imagination, de « sentiment et de raison. Ils appelèrent à eux « Michel-Ange et surtout Raphaël, qui étaient doués « des mêmes qualités, mais qui y joignaient la puis- « sance créatrice. De là, les merveilles de l'art « semées dans Rome sous leurs grands pontificats. »

Jules II et Michel-Ange! Léon X et Raphaël! quelles rencontres, et combien heureuses et fécondes, ayant lieu dans cette Rome habituée à agrandir encore ce qu'on y apporte de plus grand! Aussi, si le doigt de Dieu n'est pas ici, où est-il donc?

Ah! la papauté et la ville éternelle méritaient bien ce siècle-là, ce grand siècle, ce siècle de Jules II et de Michel-Ange, de Léon X et de Raphaël! Elles l'avaient assez longtemps préparé; elles devaient le recueillir!

Mais qui a parlé, qui parlera jamais dignement de tels hommes, et de leurs œuvres, et de leur gloire, et des rêves immenses de ces souverains pontifes réalisés par ces artistes souverains, et des inspirations des uns et des créations des autres, et de cette efflorescence suprême, aimable et grandiose à la fois, du génie humain qui répand alors sur le monde ses fleurs les plus odorantes et ses fruits les plus savoureux?

Car, il n'y a pas seulement dans l'œuvre de ces papes et de ces artistes (on verra bientôt qu'il est impossible de les séparer, que l'œuvre est vraiment indivise, et qu'elle appartient bien aux uns et aux autres), il n'y a pas seulement, disons-nous, dans cette Genèse de l'art, le *faire*, l'exécution matérielle, quelque admirable qu'elle soit, il y a encore l'idée.

C'est Jules II qui a l'idée d'élever la basilique de Saint-Pierre. Il veut un temple digne d'être l'église métropolitaine de la chrétienté. Il appelle Bramante à donner un corps à son idée. Bramante commence, mais le pontife et l'architecte meurent longtemps avant qu'elle ne soit réalisée. Léon X charge aussitôt Raphaël de poursuivre l'œuvre; le divin Sanzio y applique son génie, et meurt sans l'avoir achevée. Baltazar Perruzzi lui succède, mais Léon meurt; et

Paul III appelle à lui Antonio da San Gallo qui meurt aussi, et passe à Michel-Ange le fardeau que Raphaël trouvait si lourd. Le Titan avait alors soixante-douze ans : n'importe, il s'en charge. Pendant dix-sept ans, il lutte corps à corps avec l'idée de Jules II, et la bâtit enfin. Rome et l'univers catholique eurent alors un temple digne d'eux et du Dieu qu'on y adore.

VI.

Depuis longtemps les papes, les évêques, les abbés, les moines, avaient sauvé et recueilli bien des trésors du génie antique qui, échappés aux ravages des barbares, flottaient sur l'abîme du temps. Les religieux du Mont-Cassin, de Cluny, de la Cava, avaient fait des copies d'Homère, de Virgile, d'Horace, de Cicéron, des poëtes, des orateurs, des historiens, des philosophes de la Grèce et de Rome. Le pape Nicolas V, comme nous l'avons vu, avait fondé la bibliothèque du Vatican.

Les belles productions du ciseau grec que des fouilles heureuses mettaient au jour, étaient admirées, aimées, respectées, religieusement conservées dans des palais. L'esprit du siècle s'était élargi, et les gardiens du dogme, tout en restant aussi inflexibles que leurs glorieux prédécesseurs, avaient senti cependant se glisser en eux cette indulgence pour la forme que le triomphe qui suit les longues luttes donne au vainqueur. La papauté avait décidément adopté les génies de tous les siècles. Elle les avait confondus dans la grande famille chrétienne. Elle n'avait même pas hésité à les glorifier, car elle rapportait leur gloire au Très-Haut. Et, si toutes les traditions orales, tous les documents écrits qui prouvent cette vérité venant à périr, quelque esprit fanatique osait s'inscrire en faux contre elle, les sublimes peintures de Raphaël, dans les salles du Vatican, suffiraient seules à l'affirmation, et devant elles la réplique ne serait plus possible.

Mais, ces pages sympathiques où l'immortel Sanzio, traçant une limite solennelle entre l'art du passé et celui de l'avenir, peignait dans la métropole de la chrétienté, dans le palais même des successeurs du prince des apôtres, ce *Parnasse* où il nous montre, groupés autour des Muses et d'Apollon, Homère, Pindare, Sapho, Horace, Virgile, Ovide, Ennius, Properce, Dante, Pétrarque, Boccace, Sannazar;

cette école d'Athènes, où il fait vivre Platon, Aristote, Socrate, Archimède, Ptolémée, Zoroastre, Pythagore; cette *Dispute du Saint-Sacrement* enfin, où nous voyons avec autant d'étonnement que d'admiration Jérôme Savonarole, le tribun ascétique et visionnaire de Florence révoltée, Jérôme Savonarole le briseur et le brûleur d'images, à qui la mort seule impose silence dans ses éloquentes philippiques contre le prédécesseur de Jules II; toutes ces peintures, disons-nous, où étincelle tant de génie et où palpite tant d'âme, est-ce bien le pape Jules II qui en a eu l'idée? est-ce bien lui qui en a dicté les sujets, indiqué les personnages, tracé le programme à l'artiste? en un mot, faut-il encore invoquer ici, pour la troisième fois, en face de Jules II et de Raphaël, ce texte que nous avons extrait du concile de Nicée: « La main de l'artiste ne fait qu'exécuter. L'invention et la composition des tableaux appartiennent aux Pères; à proprement parler ce sont eux qui les font? »

Loin de nous une telle pensée! A chacun sa part: au pape de commander, au peintre d'exécuter. Mais à supposer même que Raphaël n'ait jamais soumis un programme à Jules II, à supposer qu'il ne lui ait jamais dit un mot sur ce qu'il avait dessein de peindre sur les murailles dont la décoration lui était confiée, il faudra bien toujours arriver au moment où, les peintures étant découvertes, Jules II les regardait. Et alors, si elles ne lui avaient pas convenu, si quelque hardiesse déplacée l'avait choqué, pense-t-on que ces peintures, quelque admirables qu'elles fussent, eussent longtemps subsisté sur ces murs, dans ces salles qu'aux yeux du pontife elles eussent profanées? Il faudrait pour le croire connaître peu Jules II. Celui qui pour livrer à Raphaël ces mêmes murailles du Vatican, en avait fait effacer des fresques exécutées avant lui par des artistes renommés, n'eût pas longtemps balancé à détruire celles de Sanzio. Loin de là. L'artiste avait commencé par la *Dispute du Saint-Sacrement;* le pape fut si satisfait de ce premier chef-d'œuvre d'un jeune homme de vingt-trois ans, qu'il lui commanda de poursuivre sans discontinuer. Il fut obéi avec joie.

Il est donc hors de doute que s'il y avait, devant la morale et la religion, quelque responsabilité à encourir du fait de ces glorieuses compositions, la papauté la partagerait avec l'art.

Mais non! Il est noble, il est beau, il est humain, il est chrétien, quand on est la papauté, quand on exerce le vicariat de Dieu sur la terre, d'adopter et de glorifier ce qui prouve le plus clairement Dieu ici-bas, nous voulons parler des génies qui honorent et dominent l'humanité!

Et si toute cette amplitude tolérante et paternelle de la pensée papale, si toutes ces grandeurs de l'art qui comprenait et rendait cette pensée avec tant d'éloquence, si tout cette magnificence de la vie des souverains pontifes se déroulant sur les fonds peints par Raphaël et sous les voûtes élevées par Michel-Ange; si toutes ces rayonnantes splendeurs développées dans les relations de l'homme avec Dieu, au sein de la grande métropole du catholicisme « où, pour estre chez soy, il ne fault qu'estre de chrétienté où qu'elle soit (1), » si tout cela, disons-nous, est bien réellement la cause qui poussa Luther et Calvin, et leurs séides stupides, à briser avec Rome, tant pis pour les peuples qui les ont écoutés et suivis! Tant pis pour eux s'ils ont du même coup retranché d'eux tout le côté du sentiment et de l'imagination, la moitié de l'âme, la moitié de l'être. « Partout, s'écriait Érasme, où régnera la doctrine de Luther, partout s'éteindra le culte des beaux-arts! » Voilà trois cents ans passés que cette prophétie a été jetée

(1) Montaigne.

dans le monde, et depuis elle est allée se réalisant de plus en plus chez les peuples auxquels elle s'adresse! Si quelques riches collectionneurs ont, parmi eux, non pas le culte des beaux-arts, mais la manie de posséder des chefs-d'œuvre, ils ne les demandent point à leurs coreligionnaires qui ont désappris à les faire, ils vont les acquérir à prix d'or chez les races latines. Le triomphe du rationalisme froid leur a coûté bien cher, et, pour ne parler qu'à ce point de vue, ils sont à plaindre.

VII.

Hélas! Dieu, dans ses impénétrables desseins, avait arrêté que Raphaël, après avoir peint la *Transfiguration*, ne toucherait plus un pinceau. Épuisé par le plus vaste et le plus resplendissant ensemble de travaux qu'un homme ait jamais produit, il expira à trente-sept ans, le vendredi saint, 6 avril 1520, avec les sentiments d'un chrétien. Il était né le vendredi saint, 28 mars 1483.

Léon X fit exposer son corps pendant trois jours

dans la salle même où il avait coutume de peindre. On y exposa aussi son chef-d'œuvre et celui de la peinture, la *Transfiguration*. Il n'y eut personne à qui ce navrant spectacle n'arrachât des pleurs. On se rappelait, on se racontait ses qualités éminentes et aimables, sa grandeur d'âme, sa générosité, sa grâce, sa bonté, son affabilité, et cette puissance attractive que le ciel lui avait donnée pour gagner tous les cœurs, et sa reconnaissance envers le Pérugin, son maître, et sa justice envers le Buonarotti, son formidable rival, et son affection pour ses élèves, et sa bienveillance même à l'égard des inconnus, et la souveraineté de son génie, et la beauté de son caractère. Puis, l'esprit plein de ces souvenirs, chacun reportait ses regards tantôt vers cette dépouille encore si jeune; tantôt vers ces mains qui, tant de fois, avaient surpassé les ouvrages de la nature en les imitant; tantôt vers cette dernière peinture qui semblait être le chef-d'œuvre d'un style aussi nouveau qu'admirable : on déplorait la fin prématurée de ce grand homme comme une catastrophe qui anéantissait inopinément les plus belles espérances de l'art.

C'était déjà là une scène bien grande! mais voici qu'elle va s'agrandir encore et s'empreindre de la plus auguste majesté; voici qu'elle va devenir la plus grande scène de l'histoire humaine

Tout à coup, dans la chambre mortuaire, toute pleine de l'élite de la population de Rome, au milieu des cinquante élèves de Raphaël, tous illustres, apparaît le père des fidèles, suivi de ses cardinaux. Léon X s'avance vers le corps du divin Sanzio, le bénit, s'agenouille auprès de lui, prend sa main et la baise en l'arrosant de larmes.

Ce tableau inouï, la papauté agenouillée pleurant l'art dont la plus sublime expression s'évanouissait en ce moment, ce tableau se détachait en relief vivant sur la toile où le Christ transfiguré s'élève vers les cieux !

VIII.

Personne, assurément, n'attend de nous une revue détaillée des travaux de premier ordre qui, sur la commande de Jules II, de Léon X, de Clément VII, de Paul III, furent exécutés à Rome, pendant un demi-siècle, par Raphaël, Michel-Ange, le Pérugin, Signorelli, Jules Romain, Perino del Vaga, Jean d'Udine, le Fattore, Andréa Sabbatini, Polidore de Caravage, Timoteo Vite, Vincenzio di san Gimignano, Maturino de Florence, Pellegrino de Modène, Andrea de Salerne, le Parmigiano, le Peruzzi, Sebastiano del Piombo, Tommaso Laureti, Daniel de Volterro, San Gallo, Sansorino, Bramente, et tant d'autres des plus illustres, des plus abondants, des plus forts.

Devant de tels papes et de tels artistes, à quoi bon poursuivre, dans cette période, la preuve de l'influence heureuse de la papauté sur l'art ? On ne prouve pas le soleil. Ce cycle italien ressemble au soleil, dont le nom seul réveille dans tous les esprits l'idée de clarté et de chaleur, de rayonnement et de vie!

Et combien il faut que ce constant protectorat exercé par les souverains pontifes soit doué de vitale efficacité, pour avoir pu résister longtemps aux désastres redoublés qui frappent coup sur coup la papauté, l'art, Rome! Un an après la mort de Raphaël, celle de Léon X, en 1521 ; la peste décimant Rome, en 1523; les bandes du connétable de Bourbon la saccageant en 1527 !

La papauté exilée, les légions d'artistes qu'elle avait formées, fuyant de si horribles calamités, s'éparpillèrent dans toute l'Italie et allèrent fonder dans une foule de villes des écoles devenues célèbres, où Rome dans le siècle suivant devait recruter des maîtres renommés.

Et cependant, lorsque Clément VII reprit possession du trône pontifical, lorsque Paul III y monta après lui, ces deux souverains purent encore réunir assez d'artistes d'élite, pour faire terminer les peintures que Raphaël avait laissées inachevées dans le Vatican, bâtir et peindre la chapelle Pauline, construire le palais Farnèse, le plus beau peut-être de l'architecture moderne, au jugement de Quatremère de Quincy, exécuter enfin tant d'autres admirables ouvrages.

IX.

Après Paul III, qui fit commencer la salle des rois, nous voyons Pie IV, Pie V et Grégoire XIII l'orner, chacun à son tour, de fresques peintes par le Salviati, le Sermoneta Taddeo, et Frederigo Zuccari, le Sammachini et Giorgio Vasari.

Pie IV, en outre, avait chargé les Zuccari d'orner

ses appartements de peintures, et il leur adjoignit, pour l'exécution de ce travail, le Baroccio d'Urbin, l'un des peintres qui sont restés le plus en dehors de ce que l'on a appelé le maniérisme de cette époque. Malheureusement, un mal subit et terrible, que l'on attribue au poison, força ce grand artiste à retourner dans sa patrie, où il traîna longtemps encore une vie languissante, et cependant pleine de belles productions.

Il va sans dire que sous les règnes des trois papes que nous venons de nommer, les églises de Rome et des autres villes pontificales reçurent aussi leur part des munificences souveraines. Pie IV chargea Michel-Ange, âgé alors de quatre-vingt-cinq ans, de construire celle de Sainte-Marie-des-Anges. Le grand Florentin fit une chose digne de son génie, mais qui depuis a été altérée par l'architecte Vauvitelli. En ce qui concerne les décorations artistiques, Siciolante de Sermoneta peignit la Nativité à l'église de la Paix, le martyre de sainte Lucie à Sainte-Marie-Majeure, la *Transfiguration* dans l'*Ara-Cœli*, d'autres fresques à Santa-Maria-dell'Anima, enfin, le tableau du grand autel de Saint-Barthélemy, à Ancône, tableau très-vaste, d'une distribution tout à fait neuve et qui est le chef-d'œuvre de l'auteur et peut-être le meilleur de la ville. Scipion de Gaëte fit une fort belle *Assomption* à Saint-Sylvestre; un *Crucifiement* à Santa-Maria-in-Vallicella; Nicolo da Pesaro, des fresques dans la voûte de la chapelle Saint-Antoine à l'Ara-Cœli. Taddeo Zuccaro peignit une *Annonciation* à Santa-Maria-dell'Orto, et commença une *Assomption*, que son frère Frederigo acheva, à la Trinita-de'Monti, cette même église où Daniel de Volterre avait exécuté, quelques années auparavant, d'après le dessin de Michel-Ange, sa célèbre *Descente de Croix*, et où, de nos jours, M. Ingres a peint *Jésus donnant les clefs à saint Pierre*.

Malgré les immenses travaux d'art exécutés au Vatican, au commencement du grand siècle, il restait encore dans ce palais, au temps de Grégoire XIII, bien des murailles blanches et nues. Ce pape, l'un de ceux qui aimèrent le plus l'art, résolut de les faire peindre. Il appela dans ce but Lorenzino de Bologne, qui jouissait avec raison, au sein de sa patrie, de la réputation d'un excellent peintre, et lui confia la salle des Ducs. A la même époque, il donnait la direction des travaux de la galerie Vaticane à Niccolo Circignani, qui avait travaillé sous Santi di Tito à la grande salle du Belvédère. Celui-ci en distribua les diverses parties à un nombre considérable de jeunes gens qui y représentèrent des sujets d'histoire, des paysages, des perspectives, en même temps que le savant Ignazio Danti, aidé de son frère Vincent, peignait la salle des Cartes géographiques.

Le souverain pontife entreprit également un autre ouvrage très-vaste, la décoration d'une aile contiguë à la loge de Raphaël, où il fit exécuter, dans chaque arcade, quatre sujets exclusivement choisis dans le Nouveau Testament.

Ces peintures, sans aucun doute, restent bien inférieures à celles du Sanzio, et elles révèlent une décadence marquée de l'art à Rome; mais il est juste de s'entendre sur le mot *décadence*. Ce mot, en effet, est ici très-justement appliqué, si l'on se reporte à la glorieuse phase de laquelle tant de calamités séparent le règne de Grégoire XIII, de Pie V et de leurs successeurs jusqu'à Paul V, qui vit l'art refleurir avec les Carraches et leurs admirables élèves. Mais, si l'on consent à ne pas regarder si haut; si on considère en elles-mêmes les œuvres exécutées sous ces pontificats; si surtout on les compare à tant d'ouvrages que les écoles actuelles portent aux nues, combien alors elles gagnent dans l'estime des juges de bonne foi. Nous parlons surtout de celles qui sont dues au pinceau d'Antonio Tempesti, de Raffaellino de Reggio, de Girolamo Massei et de Palme le jeune.

Et le Josepin lui-même, ce chevalier d'Arpino, comblé de si grands bienfaits par Grégoire XIII, n'a-t-il pas, au milieu de ses défauts, des qualités vraiment séduisantes? Ses fresques ne sont-elles pas d'une belle couleur? ses inventions, naturelles, riches et heureuses? ses figures, pleines d'âme? Le charme qu'il savait répandre sur elles n'est-il pas avoué même par ses ennemis? N'est-il pas, enfin, doué de la qualité décorative?

Convenons donc que, malgré ce que son dessin laisse à désirer, ni Grégoire XIII, ni Sixte V, ni Clément VIII, ni Paul V, dans la première moitié de son règne, ne sauraient être blâmés pour l'avoir tenu en haute estime, et pour lui avoir confié tant et de si grands travaux. La preuve authentique qu'il a mérité ces royales faveurs se trouve lisiblement écrite dans son *Ascension*, à Sainte-Praxède, dans son *Triomphe de la Vierge*, à Saint-Jean-Chrysogone, dans sa *Naissance de Romulus* et dans sa *Bataille entre les Romains et les Sabins*, dans le palais pontifical du Quirinal.

Prenons garde! quand il s'agit des artistes de

l'Italie, l'école douée entre toutes, et fécondée par l'action puissante et ininterrompue de ses papes, ce qu'on nomme décadence serait encore pour bien d'autres peuples la prospérité et la gloire. Le Girolamo Muziano de Brescia, par exemple, que Grégoire XIII préposa aussi à la surintendance des travaux du Vatican, et qu'il légua à Sixte V pour concourir à ceux que ce souverain pontife, qui embellissait encore la Rome de Jules II et de Léon X, fit exécuter, sur une si large échelle, à Sainte-Marie-Majeure, dans la bibliothèque Vaticane, dans le palais Quirinal, dans ceux du Vatican et de Latran, à la *Scala Santa;* ce Muziano, disons-nous, n'aurait-il pas un très-grand nom si, au lieu d'être perdu dans les grandeurs de l'école romaine, il eût appartenu à toute autre nation de l'Europe?

Et de combien d'autres artistes de la même époque n'en pourrait-on pas dire autant? Quoi qu'il en soit, les immenses travaux commandés par Grégoire XIII, Sixte V et Clément VIII, et exécutés sous leurs règnes, sont une preuve éclatante que la papauté, alors autant que jamais, protégea l'art. Cette noble passion qui fit que Rome resta toujours le théâtre où venaient sans cesse s'exercer les meilleurs peintres de l'Italie et du reste de l'Europe, porta ses fruits dès les premières années du dix-septième siècle.

Ce fut en ce temps que Clément VIII eut l'idée d'orner la basilique de Saint-Pierre d'une longue suite de sujets tirés de l'histoire du prince des apôtres. Il appela à Rome pour commencer ce travail six peintres des plus renommés de la péninsule, et qui presque tous ont laissé un nom honoré dans l'histoire de l'art. Ce furent Cigoli, Passignano, Vanni, Baglione, Roncalli, et le Gênois Bernado Castelli.

Cette belle entreprise fut activement poursuivie par Paul V, sous le pontificat duquel le Cigoli acheva son *Saint Pierre guérissant un estropié*, que le Sacchi, juge d'une haute compétence, plaçait immédiatement après la *Transfiguration* de Raphaël et le *Saint Jérôme* du Dominiquin.

Le Passignano fit le *Crucifiement de saint Pierre;* le Baglione, *la Résurrection de Tabida;* Cristoforo Roncalli, la *Mort d'Ananie et de Saphire ;* Bernard Castello, la *Vocation de saint Pierre à l'apostolat;* Vanni, la *Chûte de Simon le magicien.*

Ces artistes furent généreusement payés, et reçurent en outre du souverain pontife la décoration de chevalier. Ils méritaient cette récompense, car leurs efforts et leur réussite avaient montré que le règne du maniérisme touchait à sa fin.

Cependant l'un des illustres chefs de l'école bolonaise venait de terminer les célèbres peintures de la galerie Farnèse. Dès qu'elle fut découverte et montrée au public, les cris d'admiration éclatèrent de toute part, et son auteur, Annibal Carrache, fut proclamé l'égal des plus grands maîtres qui avaient jamais peint à Rome. C'était justice, et la noble obstination des successeurs de Jules et de Léon était couronnée d'un succès aussi éclatant que mérité.

Aussi l'histoire applaudit-elle à cet ordre publié par Paul V, qui commandait que désormais l'on ne confiât qu'aux peintres sortis de l'atelier des Carrache les travaux à exécuter dans les monuments publics, civils ou religieux.

C'est, en effet, à cette heureuse détermination que Rome et le monde civilisé doivent toutes ces merveilleuses pages qui, signées des grands noms du Dominiquin, du Guide, du Guerchin, de l'Albane, de Lanfranc, d'Andrea Sacchi, font aimer la religion catholique autant qu'ils honorent l'art et le génie humain.

Est-il besoin de les nommer par leurs noms, tous ces chefs-d'œuvre qui, sous les pontificats de Paul V, de Grégoire XV, d'Urbain VIII, d'Innocent X, d'Alexandre VII, jaillissent de l'inépuisable fécondité des artistes de génie que nous venons de citer? Qui ne connaît, au moins par la gravure, la *Flagellation de saint André*, de l'église Saint-Grégoire, de Rome; les *Quatre Evangélistes*, de Saint-André-della-Valle; *l'Histoire de David*, de Saint-Sylvestre du Quirinal; et le *Martyre de sainte Agnès* et la *Communion de saint Jérôme*, toutes ces merveilles, tous ces prodiges qui ont fait placer Dominique Zampieri au-dessus des Carrache, par Algarotti, et le premier après Raphaël, par Nicolas Poussin?

Qui n'a entendu parler du *Saint André conduit au supplice*, du *Crucifiement de saint Pierre*, du *Saint Michel*, de la *Fortune du Capitole*, du *Saint Charles de* San-Carlo, et de tant d'autres peintures admirables de Guido Reni, qui ont fait dire de lui à Passeri que c'était le peintre des *visages du paradis?*

Faut-il rappeler cette fameuse *Gloire céleste* de la coupole de Saint-André-della-Valle, qui est restée un modèle du genre, même après les coupoles de Parme, et tant d'autres productions d'autant mieux réussies qu'elles sont plus colossales, et qui firent créer Lanfranchi chevalier par Urbain VIII? Et la

Sainte Pétronille, du palais Quirinal, et le *Saint Jean Chrysogone*, dans le soffite de l'église de ce nom, et l'*Aurore* de la villa Ludovisi, bâtie par le neveu de Grégoire XV, sur les plans du Dominiquin, et le *Christ ressuscité*, de Cento, qui ont fait surnommer Francesco Barbieri le magicien de la peinture?

Après et à côté de ces maîtres, il ne faut pas oublier de placer Pietro de Cortone, qui, venu à Rome à l'âge de quatorze ans, sous le pontificat de Paul V, y vécut sous Grégoire XV, Urbain VIII, Innocent X, Alexandre VI et Clément IX, et sut mériter l'auguste bienveillance de ces princes de l'Église. Peu de peintres ont autant travaillé que le Berettini pour les papes.

Urbain VIII lui fit faire la décoration de la salle Barberina, dans le palais de sa famille, et l'artiste donna un chef-d'œuvre au souverain pontife; puis, il orna tour à tour, de ses belles et immenses fresques les églises de Saint-Charles aux Catinari, de Saint-Ambroise, des Capucins, et plusieurs autres. Il faudrait sortir des bornes que nous nous sommes imposées dans cette rapide esquisse pour énumérer seulement tous les autres édifices que Pietro de Cortone bâtit ou décora par l'ordre des papes-rois, qu'il servit avec autant de dévouement que de talent. Disons seulement que, pour le récompenser de tant de beaux travaux, Alexandre VII le créa chevalier de l'Éperon d'or; disons encore que l'artiste, désireux de reconnaître, autant qu'il était en lui, de si hautes faveurs, fit en mourant un legs de cent mille écus à l'église de Saint-Martin dont il avait été l'architecte, qu'il avait embellie de ses peintures, et où il fut enterré.

Et après tous ces artistes supérieurs, combien d'autres, Romains ou appelés à Rome par les papes, ou venus spontanément dans la ville éternelle, attirés par un attrait mystérieux et invincible, y marquent la trace de leur passage en y laissant, sur la commande des souverains pontifes, quelque œuvre d'élite? C'est le Caravage, c'est Salvator Rosa, c'est le Valentin, c'est Gaspard Poussin, c'est le Lorrain, c'est Jacques Stella, c'est Ribera que le saint-père crée chevalier du Christ en 1644; c'est Rubens, qui laissa des peintures à l'huile à la Vallicella et à Sainte-Croix-de-Jérusalem; c'est Vélasquez, qui peint Innocent X et renouvelle dans ce portrait les prodiges que l'on raconte de ceux de Léon X par Raphaël et de Paul III par le Titien.

Quel concours de génie! Ce que l'Espagne, les

Flandres et la France ont de plus grand! Et nous n'avons pas nommé le Poussin! Aussi veut-il une place à part. Arrivé à Rome en 1624, Nicolas Poussin ne tarda pas à acquérir les bonnes grâces du cardinal Barberini, neveu de Clément VII, qui lui commanda le *Martyre de saint Érasme,* reproduit bientôt en mosaïque et que l'on voit aujourd'hui dans la basilique de Saint-Pierre. Cependant le peintre va grandissant de jour en jour, et des chefs-d'œuvre doués d'immortalité sortent sans cesse de son austère atelier. Un esprit grand comme le sien l'a compris, c'est le cardinal Rospigliosi, qui sera bientôt Clément IX. Le prince de l'Église vient à l'artiste et lui demande des tableaux qui eussent un sens moral et philosophique. Il ne pouvait mieux s'adresser. Le Poussin peignit l'*Image de la vie humaine,* où l'on voit quatre figures de femmes, chastes, aimables et grandes, danser en rond, au son de la lyre du temps, pendant que Le soleil et Les heures poursuivent au haut des cieux leur course éternelle.

Le cardinal Rospigliosi voulut aussi avoir son portrait de la main du Poussin; celui-ci le fit, et le fit digne de lui et de son modèle. C'est, du reste, le seul portrait que ce grand peintre ait jamais exécuté, si on excepte le sien propre.

Une des preuves les plus intéressantes de cet attrait dont nous parlions tout à l'heure, qui amène et retient à Rome tous ces esprits d'élite dont l'art est le premier besoin, nous est fournie par une circonstance de la vie du Poussin. Il y avait seize ans qu'il était dans la capitale du monde chrétien, quand la France voulut le posséder. Les appels. les plus honorables et les plus flatteurs avaient échoué; il ne fallut rien moins qu'une lettre autographe de Louis XIII lui-même pour le décider à se laisser amener à Paris par M. de Chantelou, son ami et maître d'hôtel du roi. Là, accueilli d'une façon charmante par Louis XIII, caressé par le tout-puissant cardinal de Richelieu, logé dans un petit palais, au milieu du jardin des Tuileries, la nostalgie de sa patrie adoptive le prend; il ne peut résister à l'immense désir qui le pousse vers les ruines de Rome ancienne, vers les chefs-d'œuvre de Rome moderne. Il quitte Paris, sa maison et son jardin fruitier des Tuileries, le cardinal, le roi, les honneurs, ses amis, et retourne dans la cité de Léon X. Il y avait à peine deux ans qu'il en était parti; il y mourut, et Rome entière accompagna son cercueil jusqu'à l'église de Saint-Laurent *in Lucina*.

X.

Le XVIIIe siècle s'ouvre, après les miracles de fécondité et de grandeur que nous venons de passer rapidement en revue, et cependant l'Italie n'est point encore épuisée. Clément XI peut en toute justice créer Carle Maratte chevalier du Christ, et voulant faire peindre la coupole de la cathédrale de Forli, il rencontre sous sa main un grand artiste, Carlo Cignani, qui va encore, après vingt ans de travail, doter l'école romaine du chef-d'œuvre de la peinture de ce *siècle d'argent.*

Puis viennent d'autres artistes très-dignes d'être mentionnés : ce sont Louis Quaini et Marc-Antoine Franceschini, qui fournissent pour l'une des coupoles de la basilique de Saint-Pierre des cartons qu'on exécute en mosaïque; c'est Pietro Bianchi, qui fait, sous Clément XIII, pour la Chartreuse, une belle *Conception*, dont on voit aussi la reproduction en mosaïque dans la chapelle du chœur, à Saint-Pierre à Rome; c'est Sebastiano Ceccarini, qui fait, pour

Clément XII, le tableau d'autel de la chapelle des Suisses, au palais Quirinal; c'est Crispi, qui peint au palais Sampieri de Bologne les *Sept Sacrements* et la *Cène*, et qui fut créé chevalier par Benoît XIV; c'est Placido Costanzi, qui fait, sur la commande de ce pontife, le *Saint Pierre ressuscitant Thabite*, reproduit encore en mosaïque, dans la basilique du même nom..... et combien il nous serait facile de prolonger cette nomenclature!

Mais Pompeo Battoni et Raphaël Mengs sont déjà arrivés à Rome, cette patrie commune, et ils vont y vivre, y produire et y mourir. Ces deux hommes, qui ont occupé toutes les voix de la renommée au siècle dernier, n'ont certainement pas été aussi surfaits qu'une critique dédaigneuse s'est efforcée de le faire croire.

Battoni, qui vécut sous Benoît XIV, sous Clément XIII, Clément XIV et Pie VI, et fut assez estimé par ces grands pontifes pour être chargé par trois d'entre eux de faire leurs portraits, a été un peintre d'un vrai talent, et, à défaut d'autres preuves, le *Saint Celse* de l'église du même nom, à Rome, témoigne en sa faveur. Du reste, la galerie du Louvre possède de lui une *Vierge* qui peut donner une idée de la beauté et du charme qu'il savait mettre dans ses têtes.

Raphaël Mengs, lui, n'est certainement pas l'égal de son immortel homonyme, comme on a osé le dire au XVIIIe siècle; cependant il occupe encore dans l'histoire de l'art une place distinguée et honorable : sa décoration du cabinet du Papyrus, au Vatican, est là qui le prouve. La beauté céleste des anges, la majesté de Moïse et de saint Pierre, le charme du coloris, le relief et l'harmonie, font regarder ce lieu comme l'un des ornements les plus remarquables de ce palais des merveilles. Aussi a-t-on pu dire de lui, avec une piquante vérité, qu'il n'était point la pierre à aiguiser dont parle Horace, laquelle fait couper et ne coupe point.

Les souverains pontifes que nous venons de nommer en parlant de Pompeo Battoni honorèrent aussi de leur haute bienveillance l'auteur des *Considérations sur la beauté et le goût en peinture.* Benoît XIV, si éclairé lui-même sur toutes les questions qui touchaient à l'art, le nomma en 1754 professeur de l'académie du Capitole, qu'il avait créée; Clément XIII lui demanda son portrait, et Clément XIV lui donna l'Éperon d'or, lorsqu'en 1773 il eut achevé les grands travaux que ce prince lui avait commandés.

L'art peut s'éteindre ailleurs, à Rome il est immortel : Raphaël Mengs y meurt en 1779, et la même année y arrive Antonio Canova, un bien grand artiste encore celui-là! Trois ans ne s'étaient pas encore écoulés depuis que ce jeune homme s'était mis à étudier les marbres de l'antiquité et de la Renaissance réunis dans la ville des papes, que son génie s'était déjà fécondé et agrandi. C'est alors qu'on découvrit, dans l'église des Saints-Apôtres, le mausolée de Clément XIV. Rome entière applaudit à ce chef-d'œuvre d'un maître de vingt-cinq ans. Franchissons les jours : le mercredi saint de l'année 1795, à la clarté de la grande croix de feu qui illuminait les vastes profondeurs de Saint-Pierre, la foule des fidèles s'enthousiasma à la vue du tombeau de Clément XIII, que Canova, dans toute la maturité de son talent, venait d'achever.... Vint ensuite la belle figure de Pie VI, qu'il agenouilla devant l'autel de la Confession de Saint-Pierre. On sait le reste ; on sait la prodigieuse quantité de marbres qui passèrent par ses mains dans ce célèbre atelier de Rome, et dont il fit, sous les yeux de tout ce que le monde avait de plus illustre, des dieux, des déesses, des héros, des monarques, des grands hommes, *Terpsichore et Polymnie*, l'*Amour et Psyché*, *Hercule et Thésée*, la *Paix*, *Napoléon*, *Washington*, l'incomparable

Madeleine et *Vénus victorieuse,* plus belle encore peut-être, tout l'Olympe, toute la terre!

Ce fut une belle, et brillante, et glorieuse époque à Rome que celle qui y vit réunis ou s'y succédant de si près tous ces artistes déjà grands dans le XVIIIe siècle et qui allaient grandir encore dans le nôtre, et ces savants qui ont fait faire à la science des beaux-arts un pas si décisif: Houdon, qui animait, pour l'église de Sainte-Marie-des-Anges, ce *Saint Bruno* si beau et si vivant que Clément XIV disait en le montrant du doigt : « Il parlerait, si la règle de son ordre ne le lui défendait; » Canova faisant amitié avec Prud'hon, dont il avait deviné le génie, et s'efforçant de le retenir à Rome, lui offrant un atelier, et lui promettant de lui faire vendre tous ses ouvrages; Winckelmann qui, après avoir abjuré, comme Mengs, une religion qui ne disait rien à son cœur ni à son génie, avait embrassé le catholicisme et était venu pour voir, admirer, étudier dans la fécondante métropole; Winckelmann, l'éloquent auteur de l'*Histoire de l'art*, qui avait été reçu avec tant de distinction par Benoît XIV, ce chef de la chrétienté qui n'a pas dédaigné d'écrire, lui aussi, sur l'art; Winckelmann, le créateur de l'esthétique moderne, que Clément XIII avait nommé président des antiquités de Rome et bibliothécaire du Vatican; Volpato, le célèbre graveur et le savant écrivain; Gavin Hamilton, qui, venu de l'Écosse, fut préposé par les augustes fondateurs du musée Pio Clementino à la direction des fouilles de Tivoli, et fut assez heureux pour enrichir cette collection sans rivale d'une foule d'objets précieux; Quatremère de Quincy, qui s'essayait alors à ses grands travaux archéologiques; Seroux d'Agincourt, qui rassemblait de précieux documents pour son *Histoire de l'art par les monuments,* et qui avec autant de courage et de constance peut-être, mais à coup sûr moins de sagacité et de bonheur que M. Perret, descendit tant de fois dans les catacombes; David, qui arrivait dans la ville de Jules II et de Raphaël ne sachant faire encore que du Boucher et du Louis XV, et qui bientôt y exposait cette *Peste* où le vieux Pompeo Battoni montrait une figure digne de Michel-Ange; David, enfin, à qui il sera beaucoup pardonné, parce qu'il aura légué à l'admiration, aux respects et à l'amour de la postérité, la vivante image et l'âme tout entière de Pie VII, fixée, par un prodige de l'art, sur une toile sans prix.

XI.

Cependant, depuis longtemps déjà on s'était aperçu que les grandes œuvres du siècle d'or souffraient de l'humidité qui règne sous les voûtes colossales de Saint-Pierre de Rome, et dans quelques autres de ses édifices religieux. Plusieurs fresques, parmi les plus belles, s'étaient profondément altérées; un certain nombre même d'entre elles avaient été entièrement détruites. On dut songer à quelque moyen efficace, à quelque procédé propre à assurer à ces productions si précieuses une durée indéfinie. On n'eut pas à chercher longtemps, car ce moyen, ce procédé existaient depuis des siècles et on pouvait les voir de toutes parts appliqués dans les églises de Rome elles-mêmes, où, comme on l'a remarqué en parcourant les pages qui précèdent, les papes avaient fait exécuter tant de mosaïques.

On prit donc soin de reproduire en mosaïques la plupart des belles compositions qui avaient été peintes dans les églises, et on leur assura ainsi une vie sans limite. Ce fut Urbain VIII qui commença ces travaux conservateurs, et les papes qui lui ont succédé les ont continués jusqu'à nos jours.

Déjà, sous Grégoire XIII et Sixte V, l'art de la mosaïque avait fait les plus heureux progrès. Elle était devenue, au rapport de Lanzi, l'imitation de la peinture, non plus par le moyen de petites pierres de diverses couleurs, choisies et rapprochées les unes des autres, mais par l'emploi d'une composition qui peut soutenir la comparaison avec toutes les couleurs, rivaliser avec toutes les demi-teintes, présenter toutes les gradations, toutes les transitions, presque aussi bien que le ferait le pinceau. Baglione fait honneur de l'amélioration de cet art à Muziano, qu'il appelle l'inventeur de la manière de travailler les mosaïques à l'huile; et il vante celle qu'il exécuta pour la chapelle Grégorienne, comme la plus belle mosaïque qui ait été faite depuis les temps anciens. Paul Rosetti, de Cento, qui y avait travaillé sous la direction de Muziano, en transmit les procédés à Marcello Provenzale, son compatriote, et celui-ci, qui vivait au temps de Paul V, avait fait de cette manière le portrait de ce pape. Jean-Baptiste Calandra, élève de Provenzale, exécuta quelques ouvrages dans les églises. Mais ce furent les deux Cristofori, le père et le fils, qui portèrent cet art à son plus haut point de perfection. Le premier de ces habiles artistes florissait sous Urbain VII et sous Alexandre VII, le second, sous Innocent XIII, Benoît XIII et Clément XII. Ils ne cessèrent eux et leurs élèves, et leurs successeurs, d'être employés par ces papes à reproduire dans la basilique de Saint-Pierre les peintures de Raphaël et du Poussin, du Guerchin et du Dominiquin, de Carlo Maratte et de Valentin, du Guide et d'Andrea Sacchi, de Lanfranc et de Costanzi, de Subleyras et de Michel-Ange, de Caravage, de Pietro de Cortone et de Procaccini, de Passeri et de Romanelli, de Bianchi et de Roncalli, enfin, de Vincenzo Camuccini.

Ce dernier nom, qui est celui d'un de nos contemporains, indique assez que ce bel art de la mosaïque n'a pas cessé d'être cultivé à Rome. Mais on l'a déjà compris, si le monde civilisé est sûr aujourd'hui de jouir durant de longs siècles encore des admirables créations de Raphaël et de ses émules, c'est grâce à la munificénce des souverains pontifes. La mosaïque, en effet, ne pouvant s'exécuter qu'avec une grande lenteur, exige des frais considérables, et toutes ces grandes œuvres exécutées par ses procédés, qu'il nous est donné d'admirer dans Saint-Pierre, ne reviennent pas à moins de 150,000 fr. chacune. Il est aisé de comprendre dès lors que cet art n'aurait jamais atteint le degré de perfection où il est parvenu à Rome, si le gouvernement pontifical ne l'avait pris sous sa protection et ne l'avait généreusement doté.

Et puis, il fait beau voir un art qui éternise mis en honneur, protégé, développé, perfectionné, largement appliqué par un pouvoir qui a précisément ce même caractère d'éternité; oui, cela est logique, cela, sans que personne n'y ait peut-être songé, cela a la plus évidente raison d'être : la mosaïque inaltérable devait être l'art par excellence de l'immuable papauté !

XII.

Quand on avait reproduit en mosaïque l'œuvre du peintre, que faisait-on de cette dernière, qu'elle fut peinte sur toile ou sur bois ? Lorsqu'on avait découvert, dans quelque fouille heureuse, quelque magnifique morceau de sculpture antique, marbre ou bronze, agate orientale ou porphyre, qu'en faisait-on ?

Sans doute, les papes, maîtres souverains des choses, pouvaient les placer dans leurs palais, en jouir eux et un petit cercle de privilégiés, et tout était dit. Mais telle ne pouvait pas être la pensée de ces souverains que nous avons vu montrer tant de protection aux beaux-arts, tant de libérale sollicitude aux artistes.

Possesseurs de diamants et de joyaux inestimables, ils disposèrent des écrins propres à les recevoir : ils créèrent des musées pour placer tous ces chefs-d'œuvre, et les réunir en groupes similaires, et les présenter, dans un ordre de plus en plus parfait, à l'étude des artistes, aux méditations des historiens, à la curiosité intelligente du monde entier, et pour offrir à l'œil humain sa plus belle fête, après celle que Dieu lui donne dans les grands spectacles de la nature.

De là ces merveilleuses collections d'objets d'art de tous les temps et de toutes les écoles, logées dans des palais splendides, souvent bâtis exprès, objets précieux à des titres divers, soit que le goût y ait imprimé son cachet et la beauté son image, soit qu'une naïve exécution y attache un intérêt plus haut encore que celui des joies du regard, et nous mène devant eux jusqu'au sentiment de la vénération.

Le musée du Capitole, commencé par Clément XII, plus d'un demi-siècle avant que la Convention ait eu l'idée de fonder au Louvre le musé central des arts, et dans lequel Benoît XIV, Clément XIII, Pie VI, Pie VII, Léon XII, Grégoire XVI, Pie IX, ont successivement réuni tant de beaux marbres, tant de bronzes aussi rares que magnifiques, histoire parlante des dieux d'Homère, des empereurs romains et de leurs familles, des philosophes, des poëtes, des écrivains, des grands hommes, des femmes célèbres de Rome et de la Grèce !

Le musée du Vatican, réunion de tant de musées qui se succèdent sans fin, tous plus peuplés les uns que les autres de chefs-d'œuvre sans nombre et sans prix, tous remplis des plus riches, des plus précieuses épaves des civilisations antérieures.

La galerie lapidaire où Pie VII rassembla tant de commentaires vivants des livres de l'antiquité païenne et des premiers siècles chrétiens;

Le musée Chiaramonti, où le même pape plaça encore une foule de beaux morceaux de la sculpture antique, Rome en a tant! morceaux si beaux que l'admiration reste en suspens entre eux et ceux du Capitole!

Le musée Pio-Clementino, qui tire son nom de ses

augustes fondateurs, Clément XIII, Clément XIV et Pie VI, et qui est le plus beau musée du Vatican, qui, lui-même, est le plus beau musée du monde. C'est là, en effet, qu'ont été réunies et fondues dans un merveilleux ensemble les collections de Jules II, de Léon X, de Clément VII et de Paul III; c'est là que, parmi deux mille statues, se voient le *Torse du Belvédère,* dont Michel-Ange se déclarait l'élève ; le *Laocoon,* que ce même Buonarroti appelait « le miracle de l'art; » l'*Apollon du Belvédère,* qu'il suffit de nommer pour réveiller dans l'esprit l'idée de la beauté parfaite.

Et le musée Égyptien, et le musée Etrusque, et la chambre des Noces Aldobrandines, et la salle des peintures byzantines et italiennes primitives, et le Musée sacré, sans compter les archives, et le cabinet des médailles, et la bibliothèque des manuscrits !

La galerie des tableaux enfin, la Pinacoteca du Vatican où, parmi d'autres étoiles de l'art, brillent d'un éclat souverain la *Transfiguration* et la *Communion de saint Jérôme.*

Quel travail et quelle suite dans les idées et dans les entreprises ! Quelle noble obstination, dans tous ces rois de l'Église, vers le vrai, le beau, le bien ! Quelles créations et quels résultats !

Pourtant, qu'on veuille bien le remarquer, nous ne nous sommes occupé que de Rome. Combien aurions-nous eu à nous étendre davantage si nous n'avions fait même qu'effleurer tout ce que ces augustes nourriciers de l'art ont suscité de chefs-d'œuvre, devenus classiques, dans tant de villes : Bologne, Pérouse, Assise, Lorette, Orvieto, Urbin, Spello, Forli, et d'autres encore qui sont comme des musées et des écoles où les voyageurs et les artistes du monde entier viennent se livrer à l'étude ou aux saintes joies de la plus pure des passions, l'admiration des belles choses ! Et même à Rome, combien de magnifiques ouvrages n'avons-nous pas même mentionnés! Et tant de superbes monuments élevés par eux, et le plus récent de tous, cette basilique de Saint-Paul hors les murs, détruite par l'incendie de 1823 et que Léon XII et Grégoire XVI réédifièrent avec le concours du monde entier, et grâce aux dons de l'empereur de Russie et même du vice-roi d'Égypte ; et les beaux tombeaux des papes dormant dans les basiliques et les églises de leur glorieuse capitale, et, dans un autre ordre de faits, mais sans sortir du monde de l'art, ces utiles académies fondées par eux ; et ce protectorat de l'art exercé par les cardinaux qui entourent le saint-siége, et qui l'ont puissamment aidé à accomplir la mission civilisatrice que Dieu lui a confiée !

Voyons, de bonne foi, qu'on mette dans la balance ce que la papauté a reçu des peuples catholiques et ce qu'elle a rendu à tous les peuples de l'univers : combien son plateau l'emporte !

Les papes ont été les maîtres du vrai grand œuvre. Tandis qu'une science affolée s'entêtait à changer les métaux en or, ils avaient trouvé le secret d'une plus féconde transmutation : l'or apporté dans leur creuset se transformait en chefs-d'œuvre et en civilisation !

XIII.

On les a blâmés, personne ne l'ignore, d'avoir glorifié l'art qui avait divinisé les rêves et tous les poétiques désordres de l'imagination païenne ; mais ceux qui ont formulé ce blâme n'ont pas songé que, dans les ouvrages de la statuaire grecque, ils ne glorifiaient que la beauté qui allait devenir un de leurs plus puissants auxiliaires dans la conquête des âmes.

« L'art, dit M. Cousin, produit le perfectionne-
« ment de l'âme, mais il le produit indirectement...
« Il se confie à la vertu de la beauté; il la fortifie de
« toute la puissance, de tout le charme de l'idéal :
« c'est à elle ensuite à faire son œuvre; l'artiste a
« fait la sienne, quand il a procuré à quelques âmes
« d'élite ou répandu dans la foule le sentiment ex-
« quis de la beauté. Ce sentiment pur et désinté-
« ressé est un noble allié du sentiment moral et du
« sentiment religieux; il les réveille, les entretient,
« les développe. »

Cette considération d'une vérité incontestable, puisée dans les entrailles même des choses, a entraîné l'opinion des hommes de bonne foi, et cependant plusieurs d'entre eux n'en ont pas moins regretté que les papes ne s'en soient pas tenus à la beauté telle que l'exprimaient les maîtres du *Campo Santo* de Pise et Giotto, et l'ange de Fiésole, et le Pérugin lui-même qui, pour eux, est le dernier peintre chrétien.

Mais voici que la question si vivement controversée vient d'être résolue d'une façon décisive dans le sens des idées et de l'action de la papauté sur le développement de l'art.

Celui-là, en effet, serait frappé d'aveuglement

qui, après avoir étudié l'ouvrage de M. Louis Perret et particulièrement quelques-unes des plus belles planches qu'il contient, nierait encore la filiation directe qui existe entre l'art primitif des catacombes chrétiennes et l'art tel que l'ont compris les grands papes du seizième siècle et réalisé leurs immortels artistes.

Cette filiation est lisiblement écrite dans quelques fresques des cimetières de Saint-Calixte et de Saint-Agnès, ceux de tous peut-être qui furent le plus anciennement ouverts et où les fouilles récentes ont été les plus riches. On est frappé, dit M. Vitet, qu'il importe de laisser parler encore ici, « de ce dessin grandiose, de ces puissants contours, de cette force surnaturelle d'expression, et, en même temps, de ces incorrections souvent étranges. Le pauvre artiste qui traçait ces figures, s'il eût été appelé à décorer les murs du Capitole ou du Panthéon, se fût montré tout aussi incorrect, et, de plus, froid, lourd, insignifiant. Travaillant dans ces catacombes, à la lueur de la lampe, au milieu des prières des ses frères, il n'est pas devenu subitement habile; il fait encore des maladresses, mais il trouve la ligne vraie, la ligne sentie et parfois la ligne sublime. Il y a là telle figure de Moïse frappant de sa verge le rocher, que

Raphaël semble avoir vue avant de travailler au Vatican, et peut-être expliquerait-on plus aisément la transformation presque subite des idées et du style de ce divin maître, en supposant que plus d'une fois il descendit dans ces souterrains de Sainte-Agnès, qu'en lui faisant jeter à la dérobée quelques regards sur le plafond de la chapelle Sixtine. »

XIV.

Ainsi, après de longs siècles qui ont à l'envie prêté à Byzance l'honneur d'avoir été l'inspiratrice et l'institutrice de Rome dans l'art chrétien, voilà que d'irrécusables témoignages rendent à Rome elle-même la gloire d'avoir été le berceau de cet art, et aux papes celle de l'avoir inspiré et dirigé.

Ce fait considérable, qui vient encore grossir la dette du monde civilisé envers sa nourrice universelle, Dieu a voulu qu'il se produisît sous le règne de Pie IX et sous son auguste impulsion.

Lorsque l'artiste de Lyon, la ville pieuse entre toutes, fut arrivé à Rome et qu'il eut informé le saint père du grand projet qu'il nourrissait, Pie IX y applaudit et donna les ordres nécessaires pour que toutes facilités fussent assurées à l'homme qui, par dévotion pour l'art, allait recommencer sous terre la vie des premiers chrétiens.

C'est grâce à ce patronage si haut et si éclairé qu'il fut permis à l'artiste de faire exécuter des déblais, de découvrir des salles nouvelles, de mesurer chaque paroi des murailles, de dégager les peintures des couches de nitre dont elles étaient presque toutes revêtues, afin de les rendre plus aptes à être calquées, et de les calquer ensuite : travail qu'il poursuivit durant cinq années dans un air lourd et humide, où les hommes respirent mal, où les flambeaux eux-mêmes ont souvent peine à brûler.

Que l'on songe, en outre, qu'il n'avait pour agir ainsi ni mission officielle, ni subside de l'État; que ce Christophe Colomb d'un nouveau genre ne marchait ainsi vers le but incertain qu'il se proposait que livré à ses propres forces et avec ses ressources particulières, et que bien qu'il eût déjà absorbé, dans cette méritante entreprise, plus de 60,000 fr. de sa fortune personnelle, c'eût été une folie à lui d'espérer que la France publierait son livre aux frais du Trésor public : aussi, sans Pie IX, peut-être se fût-il arrêté en chemin, peut-être eût-il succombé sous le fardeau. Du moins proclame-t-il bien haut qu'il n'a été soutenu dans cet écrasant labeur que par « l'auguste protection, les bienveillants encouragements et les souveraines bontés du père commun des fidèles. »

Et ce qui rend encore plus auguste et plus touchant l'intérêt actif que le souverain pontife prenait aux travaux de notre compatriote, ce sont les coups douloureux dont la plus audacieuse des factions frappait son cœur paternel au moment même où ces grandes découvertes se poursuivaient; ce sont ces saturnales impies qui profanaient la surface de Rome, tandis que l'artiste français dessinait, sous la basilique de Saint-Sébastien, les figures de la première tombe de saint Pierre et de saint Paul!

La France, qui est toujours la grande nation catholique, la fille aînée de l'Église, et dont la foi survit à tant de révolutions, s'est empressée sans doute, par la voix de ses représentants, d'adopter le livre qui renfermait les preuves du protectorat que les papes ont de tout temps exercé envers l'art; généreuse, elle n'a pas marchandé le prix des labeurs d'un de ses enfants les plus méritants; intelligente et fière, elle en a, du haut de sa tribune, fait retentir les résultats dans le monde; reconnaissante envers Rome « confédérée de si longtemps et par tant de titres à nostre couronne » (1), elle s'est plu à proclamer au loin la gloire nouvelle qui venait couronner son front chargé déjà de tant de couronnes.

Mais la France est riche, et le père commun des fidèles est aujourd'hui dans le dénûment. Ce que les papes faisaient seuls, quand le monde entier versait ses trésors à leurs pieds, Pie IX ne peut plus le faire; mais il a du moins cette noble consolation de voir sa chère Rome ouvrir encore une fois son sein inépuisable pour doter le monde de chefs-d'œuvre inconnus et dont, hier encore, personne ne soupçonnait l'existence.

XV.

Oui, Rome et la papauté suivent encore, à l'heure qu'il est, cette même voie ouverte, il y a dix-huit siècles, par les premiers successeurs de saint Pierre.

---

(1) Montaigne, *Essais,* liv III, chap. IX.

Rien ne peut les en détourner, ni les désastres des révolutions, ni les conspirations dans l'ombre. Quand on les croit immobiles, épuisées, stériles désormais et prêtes à se coucher dans la tombe où ont disparu tant de fières cités et d'institutions puissantes, voilà que quelque nouvel et glorieux enfantement vient étonner et enrichir l'univers.

Combien de fois, d'ailleurs, les peuples consternés et bientôt émerveillés n'ont-ils pas déjà assisté à ces grands coups d'histoire?

« Peu de temps après la mort si prématurée de « Raphaël, écrit Lanzi (on voit que nous n'invo-« quons jamais que les écrivains de l'art), il survint « de si graves calamités à Rome et à l'État ecclésias-« tique, que le plus grand nombre eut moins à lui « envier le bonheur de sa vie que l'à-propos de « sa mort. Il ne vit pas du moins Léon X mourir « empoisonné par une trahison sacrilége, et enlevé « aux arts au moment où il les comblait le plus de « ses bienfaits; ni Clément VII, contraint par une « soldatesque effrénée à se renfermer dans le châ-« teau Saint-Ange, à errer ensuite en fugitif, à chan-« ger de siége, et à acheter à grand prix la liberté « de ceux mêmes qui auraient dû être les défenseurs « de sa dignité, ainsi que de sa vie. Raphaël ne vit

« point l'horrible ravage de Rome et les grands « assaillis et dépouillés dans leurs maisons, ni les « vierges sacrées envahies et profanées dans leurs « cloîtres, ni les prélats conduits à la potence par « des insensés furieux, ni les prêtres arrachés des « autels et des statues des saints qu'ils embrassaient « pour y trouver leur salut, et même immolés à « leurs pieds par le fer, et leurs cadavres traînés « hors des églises et abandonnés aux chiens. Il ne « vit point, enfin, rendre méconnaissable, par les « incendies et par les armes, cette ville qu'il avait « rendue doublement digne d'être vue, et de la-« quelle il avait été l'ornement, l'amour et l'admi-» ration (1). »

Comme Clément VII, Pie IX a entendu la révolution rugir et vu couler le sang chrétien; comme lui, il a connu l'exil; comme lui, il en est revenu; comme lui, il est remonté sur le trône des papes-rois; comme lui, il a repris de grands travaux d'art, entre autres les splendides décorations de Saint-Paul hors les murs, qu'il avait inauguré en 1847.

Et c'était lorsque les schismatiques et les secta-

(1) *Histoire de la peinture en Italie*, t. II, p. 87.

teurs de Mahomet eux-mêmes apportaient leurs offrandes à la papauté, que des hommes qui se disent catholiques forçaient le père commun des fidèles à abandonner sa capitale!

Aveugles et insensés, qui ne voyaient pas que, lors même que Dieu eût rappelé son saint à lui, il tenait déjà sous sa main le nouveau vicaire qui marche, parle et agit pour lui ici-bas.

.....Uno avulso, non deficit alter
Aureus!

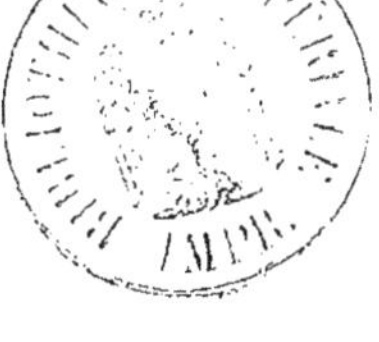

Typ. Charles de Mourgues frères, rue J.-J. Rousseau, 8— 3834.

www.ingramcontent.com/pod-product-compliance
Ingram Content Group UK Ltd.
Pitfield, Milton Keynes, MK11 3LW, UK
UKHW020242220726
13923UKWH00002B/791